Start
Now

조성주의 스타트업 코칭 ──────

스타트업
1년 차입니다

조성주 지음

더 나은 세상을 만들어 가는
창업가들에게

1998년 3월 2일, 나는 등록금을 학교에 내지 않고 그 돈으로 사업을 시작했다. 그리고 나는 지금도 농담처럼 '내가 세상을 잘 알았더라면 시작하지 않았을 텐데, 세상을 잘 몰라서 시작했다'고 말하곤 한다. 의욕 하나만으로 시작하여 온갖 시행착오를 겪었다. 다행히 어려울 때마다 좋은 사람들을 만나 구사일생으로 살아났다. 운칠기삼(運七技三)의 사례였다. 몇 년을 적자에서 헤매다 성장의 길로 들어섰다. 2007년에는 기업공개를 하기 위해 주관 증권사를 선정했으나 2009년 국내 대기업에 매각 후 자회사와 합병하여 상장하는 것으로 결정했다. 그 후 모바일 비즈니스 분야에서 한 번 더 창업을 했고, 초기기업 투자를 전문으로 하는 벤처캐피탈에서 2년을 일했으며, 현재는 KAIST 사회적기업가MBA에서 사회적기업가들에게 강의와 조언을 하고 있다.

이 과정에서 많은 후배 창업자들을 만났다. 그런데 그들 역시 대부분 내가 예전에 했던 시행착오를 겪고 있거나 고민을 하고 있었다. 발생되는 시점이 다를 뿐이었다. 어떻게 하면 시행착오를 줄일 수 있을까 고민하던 과정에서 '린 스타트업'이라는 유용한 방법론을 접하게 되었다. 알고나면 너무나 당연한 방법이었지만 대부분 그렇게 해오고 있지 않았다. 이 방법이라면 최소한 창업가가 집중해야 할 부분에 대한 안내가 될 수 있겠다는 판단을 했다. 실제 여러 기업에 적용해 본 결과 효과적으로 돌아간다는 것을 알게 되었다. 나 역시 진작에 이러한 방법을 알았더라면 훨씬 더 효율적으로 했었을 것 같았다. 이러한 경험을 바탕으로 2014년 '린 스타트업'의 구체적인 실행과 활용을 위해『린 스타트업 바이블』이라는 책을 출간했다.

그 이후 창업 현장에서 많은 스타트업들을 만나면서 책에서 다루지 못했던 여러 가지 이야기들, 또는 다루었지만 좀 더 다른 맥락에서 살펴야 할 부분들을 계속해서 발견했다. 또 주요 창업지원기관, 투자기관들과 함께 스타트업 액셀러레이팅, 린 스타트업 워크숍, 강의, 멘토링, 코칭, 투자조합, 개인투자 등을 경험하며 내 생각도 더 발전되었다(그랬을 것이라 믿는다).

이런 고민의 과정 중 감사하게도 서울경제신문에 〈조성주의 스타트업 코칭〉이라는 제목의 정기 칼럼을 쓸 기회가 생겼다. 내 이름으로 고정지면을 받아 하고 싶은 이야기를 할 수 있는 기회를 얻은 것이다. 그렇게 나는 창업가들에게 4년 동안 격주로 하고 싶은 이야기를 전달할 수 있었다. 어찌보면 뻔히 아는 잔소리 같은 내용들이겠지만, 창업가들이 제대로 가고 있는지 한번 더 생각해 보는 기회가 되기를 바라며, 그 칼럼들을 주제별로 정리해 보았다. 또 지면에서 다루지 못했던 좀 더 하고 싶은 이야기도 추가했다.

이 책은 주로 창업 초기부터 3~4년 내 생각해 볼 이슈들로, 12챕터로 구성되어 있다. 독자는 상황에 따라 어느 장을 먼저 읽어도 무방하다.

우선 Chapter 1~3은 창업 마인드를, Chapter 4~8은 사업을 시작한 후 집중해야 할 전략적 측면을, Chapter 9~12는 조직 경영에 대해 다루었다.

Chapter 1~3은 창업 전반에 대한 이야기다. 기회를 찾아 실행하는 힘, 기업가정신, 아이디어 사업화 프로세스, 그리고 창업 후 바로 만나게 될 몇 가지 상황들에 대해 정리해 보았다.

Chapter 4부터는 본격적인 사업 진행단계다. 창업의 첫 단추인 고객가치 창출에 대한 이야기를 주로 다루었고, Chapter 5는 제품출시 직후 집중해야 할 일, Chapter 6는 비즈니스모델에 대해 다루었다. 비즈니스모델은 고객가치가 있는 제품일지라도 더욱 효과적으로 고객에게 제공하는 방법을 고민하게 한다. Chapter 7과 8은 초기 스타트업의 당면한 고민 중 하나인 자금조달과 마케팅을 다루고 있다.

Chapter 9~12는 사업전략뿐만 아니라 조직 경영 이슈를 다루었다. Chapter 9는 조직 경영, Chapter 10은 조직의 체계화, Chapter 11은 열정 있는 조직, 마지막으로 Chapter 12는 알아두면 유용한 몇 가지 경영 스킬을 제시했다.

스타트업이라는 비행기가 이륙하기 위해 연료를 채우고, 동체를 가볍게 하고, 정확한 방향으로 향하는데 조금이라도 도움이 되길 바라는 마음이다. 가끔 귀에 거슬리는 내용이 있더라도 사고의 지평을 넓힌다는 관점에서 충언으로 받아주기 바란다.

조성주

차례

프롤로그

지금으로부터 20여 년 전인 1998년 미국, 당시에는 지금과 같은 스마트폰이 없었고 PC를 손바닥만한 크기로 만든 PDAPersonal Digital Assistant라는 기기가 얼리 어답터Early Adopter들 사이에서 사용되고 있었다. 그때 명문대를 나와 뉴욕 유명 로펌에서 근무하던 친구가 당신에게 이렇게 말했다고 가정해 보자.

"친구들끼리 식사를 한 다음 돈을 나눠 낼 때 계산하기 힘들잖아? 앞으로 팜파일럿(PalmPilot ; 팜사가 만든 초창기 PDA 제품)이 대중화될 것 같은데, 그걸 이용해 서로 쉽게 송금할 수 있도록 하는 서비스로 창업하면 어떨 것 같아?"

당신은 아마 이렇게 반응했을 것이다.

"그냥 현금으로 나눠 내는 게 더 편할 것 같은데. 왜 굳이 팜파일럿으로…. 쓸데없는 서비스 아닐까?"

당연한 반응이라고 생각된다. 가까운 사람이 이런 사업을 한다고 했다면 누구라도 어떻게 말릴지 고민했을 것이다.

그리고 몇 년이 지났다. 2002년 어느 날, 이른 아침 신문을 넘기다 보니 낯익은 이름이 보였다. 그때 그 친구였다. 이베이eBay가 그 친구의 회사를 인수한다는 기사였다. 무려 14억 달러(약 1조 5,000억 원)에!

당시 PDA는 개인용 책상 액세서리PDA ; Personal Desktop Accessary라는 조롱을 받으며 시장에서 사라졌다. 팜파일럿에서 뭔가를 구현한다는 것은 당연히 말이 되지 않는 일이었다. 나중에 팜파일럿은 IT 전문지에 '최근 10년, 최악의 IT 실패작'으로 이름을 올리기도 했다. 그런데 어떻게 이런 일이 생길 수 있었을까?

창업자는 폭발적으로 성장하기 시작한 인터넷에서 온라인 결제시장이 커질 것으로 보았다. 그리고 이때 처음 선정한 영역이 팜파일럿이었다. 하지만 팜파일럿 간 송금서비스가 사업이 되려면 이용자들이 많아야 하는데, 그렇지 못했다. 시간이 좀 지난 후에야 이렇게는 사업이 되지 않는다는 것을 깨달았고, 창업자들은 다른 길을 찾아야 했다. 이들은 이 기술을 이메일에서 구현하기로 했다. 이메일은 누구나 사용하고 있으니 범용적인 수요가 있을 것이라고 생각했다. 우선 수요가 높을 것으로 예상되는 이민자들을 대상으로 시작했다. 미국 이민자의 상당수가 고향으로 돈을 송금했기 때문이다. 하지만 이 역시 생각만큼 수익을 내지 못했다.

한편, 인터넷 세상에서는 전자상거래업체 이베이가 크게 성장하는 중이었다. 이베이는 오픈마켓 형태였는데, 아쉽게도 결제시스템이 불편하다는 평을 받고 있었다. 창업자들은 이베이 파워셀러에 주목하여 결제서비스를 제공하기로 했다. 얼마 되지 않아 4명 중 1명 꼴로 이용자를 확보할 수 있었고, 결제 이용자는 어느덧 전체의 70%에 다다랐다. 이를 눈여겨 본 이베이는 이 회사를 전격 인수하기로 했다. 창업한 지 5년이 안 된 2002년이었고, 이 회사의 이름은 페이팔Paypal이었다. [1]

이들의 초기 사업 아이디어는 실패가 뻔히 보이는 것이었다. 하지만 창업자들은 그렇게 생각하지 않았다. 수요가 있다고 본 것이다. 페이팔의 창업자들은 팜파일럿을 통한 송금서비스의 사업성을 확신하고 있었다. 그런 확신이 없었다면 시작하지 않았을 것이다.

사업이란 그런 것이다. 대부분 처음 아이디어는 주변에서 볼 때 별로인 경우가 많다. 하지만 창업자들은 추호도 그렇게 생각하지 않는다. 그렇기 때문에 시작한다. 그리고 시작해서 실행해 봐야 현실을 알게 된다. 결국 사업은 실행하면서 알게 된 현실을 얼마나 잘 적용해 가느냐가 관건이다. 진행과정에서 고객을 알아나가고 고객 니즈를 만족시킬 수 있는 최적의 방법을 찾는 것이다.

◆ ◆ ◆

이제 여러분 차례다. 남들이 좋은 아이디어라고 하든지, 그렇지 않든지 이 책을 보고 있다면 이미 창업을 준비하고 있거나 실행하고 있을 것이다. 이제 현실을 배워야 할 때가 된 것이다.

여러분의 스타트업을 비행기라고 생각해 보자. 비행기는 활주로를 달려 하늘로 날아올라야 한다. 스타트업이 이륙한다는 것은 비즈니스모델을 검증한 것이라고 할 수 있다. 비즈니스모델 검증이란 목표고객을 대상으로 제품이나 서비스를 판매했을 때 계획대로 이루어져 반복적으로 실행하면 확대가능한 사업이 될 수 있다는 것을 의미한다.

그럼, 비행기가 이륙하기 좋은 조건을 만들려면 어떻게 해야 할까?

첫째, 연료가 충분해야 한다. 연료가 충분하면 한두 번 이륙에 실패해도 다시 시도해 볼 수 있다.

둘째, 비행기의 무게를 최대한 가볍게 하면 유리할 것이다. 그래야 적은 연료로 이륙할 수 있을 테니 말이다.

셋째, 활주로에서 우왕좌왕하며 연료를 낭비하지 않고 최단거리로 달리면 효율적이다.

이처럼 비행기에 연료가 충분히 있는지, 무게를 가볍게 했는지, 최단거리로 달리고 있는지 미리 알 수 있다면 큰 도움이 될 것이다.

스타트업을 여기에 대입해 보자. 이륙을 위해 충분한 연료를 가지고 가려면 자금조달이 필요하다. 일단 자금이 있으면 시행착오를 만회할 기회를 얻는다. 페이팔은 팜파일럿용 송금프로그램을 만드는 시행착오를 했다. 이메일 송금서비스를 진행하기 위해서도 적지 않은 돈을 투자했다. 신규가입자 1명당 10달러를, 추천인에게도 10달러를 주며 이용자를 모았다. 고객 수는 증가했지만 수익은 개선되지 않았다. 이런 과정에서 자금이 충분하지 않았다면 오늘날 페이팔 스토리는 없었을지 모른다. 다만 연료는 스타트업 혼자 만들 수 있는 것이 아니다. 투자자가 있어야 하기 때문이다. 자금조달이 필요한 이유다.

반면 비행기 무게를 가볍게 하는 것, 일직선으로 달리는 것은 스타트업이 주도적으로 할 수 있다. 비행기의 무게를 가볍게 하는 것은 비즈니스모델이 검증되기 전까지 스타트업 규모를 작게 유지하는 것이다. 대상고객을 찾을 때까지, 고객의 불편을 찾을 때까지, 불편을 해결할 수 있는 솔루션을 찾을 때까지, 그 솔루션이 고객에게 적합한지를 확인할 때까지 최대한 가볍게 가는 것이다.

마지막으로 활주로에서 우왕좌왕하지 않고 최단거리로 간다는 것은 낭비적인 요소를 배제하고 가장 중요한 일에 집중한다는 의미다. 스타트업을 시작하고 나면 법인 업무에 필요한 행정적인 업무를 비롯해 외부행사, 사업 발표, 언론 인터뷰, 협력 제안, 커뮤니티 활동 참여 등 생각보다 많은 일들이 기다리고 있다. 이때 창업자는 비즈니스모델을 검증하여 이륙하는 일에 최우선순위를 두고 집중해야 한다. 이것저것 신경쓰다가는 활주로가 먼저 끊기거나 연료가 떨어져 이륙하지 못할 수 있기 때문이다. 최근 스타트업에서 활용되고 있는 '린 스타트업 Lean Startup' 전략 같은 것이 이런 방법을 지향한다.

한 가지 덧붙이자면 현실의 창업가는 비행기를 처음 운전해 보기 때문에 자신이 제대로 가고 있는지 여러 가지 걱정이 많을 것이다. 조언해 줄 수 있는 사람을 찾는 것도 중요한 일이다. 이는 초기 투자자일 수 있고, 선배 창업가가 될 수도 있다. 여러 사람들을 만나다 보면 자신에게 적합한 조언을 해줄 사람을 찾게 될 것이다. 적절한 책도 많이 읽어야 한다. 책은 가보지 못한 길을 간접적으로 알 수 있게 해주고, 책을 통해 먼저 해본 이들의 경험을 습득할 수 있다. 이 책은 바로 그런 목적으로 쓰여졌다.

CHAPTER 1

창업가의 길

기업가정신

기회를 찾아 실행하는 힘,
기업가정신

트위터의 공동창업자 비즈 스톤Biz Stone. 그는 부유하고 교육환경이 좋은 동네에서 태어났다. 하지만 부모님의 이혼으로 어머니와 함께 정부 복지혜택을 받으며 어린 시절을 보냈다. 당시 동네 아이들은 리틀 야구팀이나 미식축구팀 활동을 하며 놀았지만 비즈 스톤은 잔디를 깍으며 용돈을 벌어야 했다.

고등학생이 된 비즈 스톤은 운동부에 들어가면 사교활동에 큰 도움이 된다는 사실을 알게 되었다. 운동에 소질이 있기는 했지만, 친구들과 달리 야구와 농구 같은 단체 경기를 제대로 배워본 적이 없어 인기있는 운동부에 들어가지 못했다. 하지만 어떻게든 운동부에 들어가고 싶었던 비즈 스톤은 한 가지 아이디어를 생각해 냈다.

당시 학교에는 라크로스(하키와 비슷한 구기종목) 운동부가 없었다. 당연히 미리 배워본 사람도 없었다. 지금이라도 시작하면 잘할 수 있을 것 같았다.

새로운 기회를 본 것이다. 학교에 운동부 만드는 방법을 문의했다. 코치를 구하고 참여할 학생이 있으면 가능하다는 답변을 들었다. 그는 결국 라크로스부를 만드는데 성공하고 주전선수가 되었으며 팀의 주장으로 뽑혔다.

비즈 스톤은 자신이 무엇을 잘할 수 있는지 기회를 찾았고 그것이 가능해지도록 실행했다. 기업가정신의 전형이라고 할 수 있다. 비즈 스톤은 이 과정에서 '기회는 만들어진다'는 중요한 교훈을 얻었다고 했다.[2]

"기회란 무언가를 할 수 있게 만드는 일련의 상황이다. 하지만 우리는 왜
감나무 밑에서 감이 떨어지기를 기다리고 있는 것일까? 계획을 세우고
추진하면서 스스로 상황을 만드는 것이 훨씬 낫다. 만일 당신이 기회를
만든다면 그 기회를 이용하는 첫 번째 사람이 될 것이다."

기업가정신에 대해 여러 학사들의 성의를 살펴보자.

피터 드러커 Peter Druker 는 '변화를 탐색하고 대응하며 그것을 하나의 기회로 삼는 것'이라고 했다.[3] 하워드 스티븐슨 Howard Stevenson 하버드대 교수는 '통제할 수 있는 자원에 구애받지 않고 기회를 추구하는 것'이라고 했다.[4] 제프리 티먼스 Jeffry Timmons 미국 밥슨대 교수는 '기회에 초점을 두고 총체적 접근방법과 균형 잡힌 리더십을 바탕으로 하는 사고·추론·행동방식'이라고 했다.[5]

여기서 공통된 단어를 뽑으면 바로 '기회를 추구하고 실행하는 것'이다. 이것이 기업가정신의 기본이라고 할 수 있다.

출처: 위키피디아

트위터의 공동창업자 비즈 스톤과 아마존의 창업자 제프 베조스

아마존의 창업자 제프 베조스 Jeff Bezos는 1994년 헤지펀드에서 근무하다 놀라운 데이터를 발견한다. 인터넷 사용자 수가 1년 만에 2,300%나 증가한 것이다. 그는 여기에 새로운 사업기회가 있음을 직감했다. 곧바로 동신판매기업들을 조사했고 그 중에서도 도서 통신판매에 관심을 가졌다. 책을 우편으로 판매하기 위해서는 카탈로그를 제공해야 하는데 도서목록이 많아 어려움이 있다는 사실을 알게 된 것이다. 이런 불편은 인터넷으로 해결할 수 있었고 이것을 사업기회로 본 것이다. 그리고 그는 결정을 실행에 옮겼다.

"제프, 정말 좋은 아이디어야. 하지만 이건 좋은 직장을 가지고 있지 않은 다른 누군가에게 더 좋은 아이디어가 될 것 같아"라는 상사의 말을 뒤로 하고 아마존닷컴을 설립했다.[6]

'기업가'를 사전에서 찾아보면 두 가지 한자어를 볼 수 있다. 하나는 기업을 경영하는 사람이라는 의미의 '기업가(企業家)'이고, 또 다른 하나는 '기업가(起業家)'로 사업(事業)을 일으키는(起) 사람의 의미다. 이 중 후자가 우리가 말하는 기업가에 해당하고, 영어로 '엔터프리뉴어 entrepreneur'라고 부른다.

창업은 기업가정신이 발현되는 핵심활동이라고 할 수 있다. 사업 아이디어라는 '기회'를 찾아 그것을 해낼 수 있는 조직을 만들어 '실행'하는 것이기 때문이다.

좋은 기회인지 알려면
지금 바로 시작하라

스타트업 관련 기사를 읽다 보면 '아이디어 하나로 성공한' 이야기를 자주 보게 된다.

"비디오 대여점에서 영화 〈아폴로13〉을 빌려본 리드 헤이스팅스 Reed Hastings는 출장을 다녀오느라 비디오 테이프를 제때 반납하지 않아 연체료를 낸 것이 아까웠다. 그는 헬스장에서 운동을 하다 문득 비디오 대여를 테이프 단위로 하는 게 아니라 헬스장처럼 월정액으로 하면 좋을 것 같다는 생각을 했다. 그러면 불합리한 연체료를 낼 필요가 없지 않겠는가. 이것이 세계 최대 동영상서비스 넷플릭스의 시작이었다."

"명함을 스마트폰 애플리케이션으로 관리하면 편리하지만 기존 명함을 스마트폰에 입력하는 일은 번거롭다. 스캔을 받아도 되지만 글자 인식이 완벽하지 않아 매번 재확인하고 수정해야 했다. 사용자 대신 명함을 입력해 주면 어떨까? 명함관리 앱 리멤버 이야기다."

"사람들은 촬영한 동영상을 인터넷에서 공유하고 싶어 하는데 마땅한 방
법이 없었다. 무언가 방법이 필요했다. 그렇게 시작한 유튜브는 세계 최
대 동영상 공유 플랫폼이 되었다."

이처럼 제대로 된 아이디어만 있으면 누구나 성공할 것 같은 생각이
든다.

"어떻게 하면 좋은 사업 아이디어를 떠올릴 수 있을까?"

이 질문의 답을 찾기 위해 먼저 확인해야 할 것이 있다. 넷플릭스·리멤
버·유튜브의 창업자들이 처음부터 고객이 원했던 아이디어로 시작한 것일
까? 사실 그렇지는 않았다.

넷플릭스는 연체료 때문에 나온 아
이디어가 아니었다. 인터넷으로 판
매하기 적합한 상품을 찾는 과정에
서 나온 것이 DVD 대여였다. DVD는
향후 비디오테이프를 대체할 것이고

넷플릭스 초기 DVD 배달 서비스

출처: 위키피디아

우편으로 발송 가능하다는 데서 착안했다. 하지만 처음에는 생각만큼 잘되
지 않았다. 적자가 쌓이는 절박한 상황에서 생각해낸 아이디어 중 하나가
월정액 모델이었고 반응이 좋아 집중한 것이었다.[7]

명함관리 앱 리멤버는 원래 모바일 전용 명함을 만들어 주는 서비스였
고, 명함을 대신 입력해 주는 것은 마케팅 방법의 하나였다. 그런데 고객들
은 명함 입력에 열광했다.

유튜브는 영상 프로필을 올려 친구를 사귀려고 만든 사이트였다. 그러나 이용자들은 동영상 공유 자체를 좋아했다. 유튜브는 결국 이용자들이 원하는 대로 서비스를 발전시켰다.[8]

이런 사례는 수없이 많다. 인스타그램은 위치 기반 소셜네트워크 서비스로 시작했으나 고객들이 사진 공유 기능에 집중하자 그것만 떼어내 서비스를 만들었다. 그루폰은 소비자 집단행동 플랫폼이었는데 이용자 간 공동구매 캠페인이 잘되는 것을 보고 소셜커머스를 시작한 것이다.[9][10]

좋은 사업 아이디어란 결국 고객들이 원하는 것을 제공하는지에 달려 있다. 그것을 알기 위해서는 고객을 먼저 알아야 한다. 그렇다면 일단 시작해야 한다. 시작하지 않으면 알 수 없기 때문이다. 시작할 때부터 고객이 원하는 아이디어였으면 시간낭비를 줄일 수 있을지 모른다. 하지만 그걸 누가 알겠는가?

"시작할 때는 아무도 몰라요. 아이디어는 원래 완성된 상태로 떠오르지 않습니다. 오직 실행하는 과정에서만 명료해질 뿐입니다. 그래서 지금 바로 시작하면 되는 겁니다."

페이스북 창업자 마크 저커버그Mark Zuckerberg의 말이다.[11]

One more 사업을 시작할 때 창업자는 사람들이 자신의 아이디어를 좋아할 것이라고 생각한다. 하지만 실제로는 고객을 알아가는 과정에서 그들이 원하는 것을 배우게 된다.

앞에서 소개한 인스타그램, 그루폰뿐만이 아니다. 핀터레스트 Pinterest는 모바일 쇼핑 앱에서 시작했는데, 이용자들이 상품을 장바구니에 쌓아두기만 하는 것에서 힌트를 얻어 만든 서비스다.

기업 내부 협업 프로그램으로 유명한 슬랙Slack은 게임회사로 출발했으나 성공하지 못했다. 대신 게임을 만드는 과정에서 사용했던 내부 커뮤니케이션 도구를 사업화했다. 마땅한 소프트웨어가 없어 자신들과 비슷한 고민을 했던 기업들에게 자신들이 개발한 프로그램이 필요하다는 것을 알게 되었기 때문이다.

팜파일럿의 송금서비스로 출발했던 온라인 결제시스템 페이팔PayPal, 온라인 롤플레잉 role-playing 게임으로 시작했던 사진공유 서비스 플리커Flickr, 오디오 구독서비스를 출시하려다 애플의 팟캐스트에 겁먹고 다시 생각해낸 트위터Twitter 등도 마찬가지다.

사업 아이디어는 실행과정에서 명료해진다는 마크 저커버그의 말이 공감되는 부분이다. 그러기 위해서는 실행해야 하고, 실패를 자연스럽게 받아들이며 작게 시작하여 빠른 학습을 통해 방향을 바로 잡아 나가는데 집중해야 한다. 그것이 스타트업의 핵심이다.

수익은 목적이 아니라
결과여야 한다

티베트의 지도자 달라이 라마(텐진 갸초)는 그의 저서 『리더스 웨이』에서 사업에 대해 멋진 비유를 들려줬다.[12]

"기업의 역할이 수익을 내는 것이라고 말하는 것은 음식을 먹거나 숨 쉬는 것이 사람의 역할이라고 말하는 것과 같다. 회사는 손실이 나면 망한다. 사람이 먹지 못하면 죽는 것과 마찬가지다. 하지만 숨 쉬는 것이나 먹는 것이 삶의 목표가 될 수는 없다. 이윤은 생존의 필요조건이다. 그러나 우리가 이윤을 추구하는 것은 사회 전체의 행복에 기여하기 위해서다."

사람이 숨 쉬기 위해 사는 게 아니듯 기업도 이윤을 내기 위해 하는 게 아니라는 것이다. '나는 왜(why) 이 일을 하는가'를 반복해서 물어보고 대답해 보자. 그 답이 바로 기업의 미션(mission)이 된다.

출처: 위키미디어

14대 달라이 라마(텐진 가초)와 페이스북의 창업자 마크 저커버그

마크 저커버그는 '페이스북은 돈을 벌기 위해 서비스하는 게 아니라 좀 더 개방적으로 세상을 연결해 더 나은 세상을 만들기 위해 돈을 법니다'고 말했다.[13] 성공한 창업자의 그럴듯한 말처럼 들릴 수도 있다. 하지만 창업자는 실제 이렇게 생각해야 한다. 이 생각을 더 많은 사람들과 공유해야 정말로 세상을 변화시킬 수 있다.

많은 사람들이 돈을 벌기 위해 창업을 한다. 그리고 이 말에 이의를 제기할 사람은 없다. 우리는 누구나 생활인이고 돈이 있어야 경제활동을 할 수 있기 때문이다. 하지만 창업을 통해 돈을 벌려면 고객에게 그에 걸맞는 가치를 제공해야 하며, 가치를 제공하기 위해 기업이라는 조직을 만든 것이다. 돈을 버는 것은 창업의 중요한 동기가 된다. 그런데 아이러니한 것이 돈을 벌기 위해 창업을 하지만 돈을 버는 게 우선이 되면 안 된다는 것이다. 돈을 벌기 위해서는 고객에게 돈을 받을만한 가치를 제공해 줄 수 있느냐, 그것도 지속적으로 제공해 줄 수 있느냐가 우선이기 때문이다. 별 것 아닌 것 같지만 이 부분을 어떻게 접근하느냐에 따라 경영자가 내리는 의사결정이 달라질 수 있다.

수익을 내는 것만이 목적이라면 불량식품을 팔더라도 소비자들이 모르기만 하면 팔 수 있다는 말이 된다. 원산지를 속여서라도 팔리기만 하면 팔수 있다는 것이 된다. 어차피 소비자는 모르는 일 아닌가. 따라서 수익을 내는 것은 목적이 아니라 결과여야 한다. 기업이 가지고 있는 목표를 달성하면 수익은 뒤따라오는 것이다. 따라서 기업의 목적은 수익 그 자체가 아니라 기업의 설립이념, 그 이념을 달성해 내고자 하는 것이다. 수익은 그것을 달성하기 위해 얻어야 하는 것이고, 그것을 달성하면 생기는 것이다. 전후 관계에 대해 생각해 볼 필요가 있다.

사업은 꿈을 검증하기 위해 수많은 의사결정과 실행을 반복하는 과정이다. 그 기간은 처음 생각보다 길고 험할 것이다. 이때 미션은 당신의 길을 안내해 주는 북극성이 될 것이다. 당신은 무엇을 목적으로 수익을 만들어 낼 것인가?

하느냐 마느냐가 아니라
언제 하느냐다

창업은 언제 하는 것이 좋을까? 사실 최고의 시점이라는 것은 없다. 어느 때든지 장점과 단점이 있기 때문이다. 결국 사람들이 좋아할 만한 아이디어가 있고, 이 아이디어를 함께 시도할 동료가 있고, '지금 해야겠다'고 마음 먹었을 때다.

'사업은 실패할 확률이 높고 위험하기 때문에 말려야 한다' '요즘 같은 세상에 순진한 청년들을 창업으로 내모는 것은 무모한 일'이라고 생각하는 사람도 있을 것이다. 물론 그들의 의견에도 일리는 있다. 하지만 대학을 졸업하고 좋은 직장에 취직해 직장인이 되는 것만이 선택가능한 길은 아니라는 점을 분명히 할 필요가 있다. 그 이유를 몇 가지로 정리해 보자.

첫째, 지금의 현실에서 우리는 결국 창업을 하게 된다. 그 시기가 언제이냐의 문제일 뿐이다. 지금은 100세 시대다. 그런데 회사에서 일할 수 있는 나이는 예전보다 더 줄었다. 20대 후반까지 공부한 후 취업하면 20년을 채

다니지 못하고 회사를 그만둬야 한다. 과거에는 60대에 정년퇴직하고 퇴직금을 받아 얼마 남지 않은 여생을 보내면 됐지만 지금은 살아온 만큼 더 살아야 하는 시대다. 그 다음부터는 스스로 업(業)을 만들어 살아야 한다.

둘째, 직장은 더 이상 안정적인 일자리가 아니다. 주변의 직장인들에게 당신의 회사가 정말 안정적인지 물어보라. '평생직장' 개념은 1997년 외환위기와 함께 사라졌다. 우리나라 직장인의 평균 근속연수는 11.6년이지만 이마저도 점점 줄고 있다. IT의 발달은 기업 간 경쟁을 촉진시키고 그 결과 기업 자체의 수명도 계속 줄고 있다. 대부분의 직장인들이 지금 다니는 회사에서 평생 일할 것으로 생각하지 않는다는 조사결과가 당연한 시대다.

셋째, 창업은 해당 분야의 전문가로 만들어 준다. 하루 3시간씩 10년을 일하면 전문가가 된다는 '1만시간의 법칙'이 있다. 창업을 하면 하루 3시간이 아니라 9시간도 넘게 일에 전념하게 된다. 10년 동안 할 일을 3년 안에 해내며 전문가가 될 수 있다.

넷째, 잘될 경우 경제적인 부를 얻을 수 있다. 사업에 성공해서 버는 돈은 직장인이나 전문직 종사자가 벌 수 있는 금액과는 차원이 다르다. 물건이나 서비스를 팔아서 돈을 벌 수도 있지만 돈 버는 시스템인 기업을 팔면 더 큰돈을 벌 수 있기 때문이다.

다섯째, 창업은 사회적인 기여가 된다. 제공하는 상품이 더 나은 세상을 만드는 데 기여할 것이고, 고용을 창출하고, 번 만큼 세금을 내게 된다. 더 많은 사회공헌활동도 할 수 있게 된다.

이 책의 독자들은 창업에 관심을 가지고 있거나 이미 시작했을 것이다. 참 잘한 일이다. 그럼 이제 정말 '잘한' 일이 되도록 해보자.

CHAPTER 2

아이디어의 사업화

— 사업화 프로세스

회사부터 차리는 게
능사가 아니다

대학 3학년에 재학 중인 스탠리. 어느 날 학교 근처 마카롱 가게 사장님과 이런저런 이야기를 나누는데 가게 사상님이 배달 이야기를 꺼내며 두꺼운 노트를 보여준다. 배달내역을 적어 놓았는데 이 중 실제로 배달하지 못한 곳이 많다는 것이다. 혼자서 가게를 운영하기 때문이었다. 스탠리는 문득 다른 가게들은 어떨까 하는 생각이 들었다. 그리고 몇 주 동안 200여 점주들을 만나 이야기를 나눴다. 그들 대부분은 배달시스템이 없었고 딱히 좋은 해결책도 없었다. 스탠리의 머리가 바쁘게 움직이기 시작했나.

"그렇다면 배달서비스를 만들면 되지 않을까?"

"그런데 왜 지금까지 이런 서비스가 없었을까? 수요가 없어서?"

"이걸 테스트할 방법이 없을까?"

스탠리는 직접 테스트해 보기로 했다. '팔로알토딜리버리'라는 한 페이지짜리 웹사이트를 만들어 학교 근처 음식점의 메뉴들을 올렸다. 그리고 자신의 전화번호를 적어놓았다. 반나절이면 충분했다. 그리고 다음 날 한 통의 전화가 왔다.

"△△음식점에서 팟타이 하나 배달될까요?"

배달시스템도 없었고 배달원도 없었다. 스탠리는 팟타이를 사서 직접 배달에 나섰다.

다음 날은 2건, 그 다음 날은 5건, 7건, 10건의 전화가 왔다. 제대로 된 배달시스템이 없으니 친구들끼리 나눠서 뛰었다. 수업 중에도 주문이 왔다. 매일 오후에는 고객들에게 전화해 서비스가 어땠는지, 음식이 괜찮았는지 확인했다. 고객들도 좋아했다.

이 서비스는 미국 스탠퍼드대 3학년이었던 스탠리 탕Stanley Tang이 시작한 도어대시의 이야기다. 2018년 여름에는 약 38억달러(약 4조원)의 기업가치를 인정받으며 투자를 유치해 지속성장하고 있다.

출처: 유튜브(How to Get Started)

사업 아이디어를 얻었던 학교 근처 마카롱 매장
학생 창업자의 일상 사진—숙제, 세금 신고서, 투자계약서, 속도위반 딱지

도어대시의 창업 시나리오는 간단하고 빠르다. 물론 실제 창업과정 중에는 여러 가지 어려움과 고민이 있었겠지만 우리에게 시사하는 바가 크다. 몇 가지 특징을 살펴보자.

첫째, 문제 및 솔루션 검증이다. 고객 관찰을 통해 문제를 확인했고 그 문제를 다른 사람들도 가지고 있는지 빠르게 검증했다. 다른 대안들이 없는지도 살폈다. 고객문제를 확인했고 배달대행이 문제를 해결할 수 있는지 검증했다.

둘째, 제품(서비스) 검증이다. 직접 웹사이트를 만들어 이대로 진행하면 되는지 검증했다. 역시 시간과 비용을 최소화했다. 그래야 실패해도 문제가 없기 때문이다. 스탠리는 반나절 만에 웹사이트를 하나 만들었다.

셋째, 비즈니스모델 검증이다. 실제 서비스를 실행하여 사업화가 가능한지 확인했다.

| 스타트업에게 추천하는 주요 검증단계 |

단계	목표	내용
문제/솔루션 검증	해결할 만한 가치가 있는 문제인지	• 고객이 정말 불편함을 가지고 있는지 • 해당 불편을 해결하기 위해 현재 어떻게 하고 있는지 • 문제를 해결할 수 있는 솔루션이 되는지
제품(서비스) 검증	내 제품(서비스)이 적합한 것인지	• 이렇게 만들면 되는지 • 핵심기능이 구현되었는지
비즈니스모델 검증	지속가능하게 성장할 수 있는 사업이 되는지	• 이 정도 가격이면 적절한 것인지 • 비즈니스모델이 제대로 돌아가는지 • 매출이 계획대로 나오는지 • 비용은 계획대로 진행되는지 • 마케팅에 비용을 투입해도 되는지

모든 것을 수동으로 처리했지만 사업 운영의 전반을 알 수 있었다. 이 프로세스는 가벼운 창업을 핵심으로 내세우는 '린 스타트업'의 전형을 따르고 있다. 기회를 찾았으면 빠르게 검증하고 학습해 나갈 것을 제시하고 있다. 우리는 지금 창업을 하는 것 자체가 목적이 아니다. 사람들에게 가치 있는 무언가를 만드는 것이 우선이다. 그것을 알기 위해 회사부터 차릴 필요는 없다. 먼저 고객에게 가치가 있는지부터 확인해야 한다.

린 스타트업Lean Startup은 미국 IMVU의 공동창업자이자 엔지니어인 에릭 리스Eric Ries에 의해 주창된 스타트업을 위한 경영전략이다. 전통적인 창업 프로세스는 사업계획서 작성, 법인 설립, 자금조달, 제품개발, 출시의 순서로 이루어진다. 하지만 이런 방식의 진행은 사업의 가장 큰 리스크(고객이 원하지 않는)가 출시에 몰려있게 된다. 운이 좋으면 성공하지만 현실에서는 그렇지 않은 경우가 더 많다. 굳이 이 리스크를 출시에 맞추어 확인할 필요는 없을 것이다. 린 스타트업은 창업과정에서 리스크가 큰 부분부터 고객 확인을 통해 고객이 원하는 제품을 만드는 데 집중하도록 한다. 이를 위해 최소기능제품(MVP : Minimum Viable Product)을 통해 '만들기Build - 측정하기Measure - 학습하기Learn'를 반복적으로 진행하며 고객 검증에 집중하는 것이다.

린 스타트업에 대해 자세히 알고 싶으면 에릭 리스의 〈린 스타트업(인사이트)〉을, 실천적인 부분은 조성주의 〈린스타트업 바이블(새로운제안)〉을 추천한다.

매력적인 사업 아이디어의
체크포인트

"어떤 사업이죠?"

"저희가 새로운 파스타를 만들었는데요. 이름은 비트bit 파스타입니다. 이미 알파벳 모양의 파스타는 나와 있는데요. 저희는 알파벳 대신 이진수를 상징하는 1과 0 모양으로 파스타 면을 만들었습니다."

미국의 인기 드라마 〈실리콘밸리 Silicon Valley〉의 한 장면으로, 인큐베이팅 센터에 입주하기 위해 한 창업가가 발표한 사업 아이디어였다.

여러분은 이 아이디어에 대해 어떤 생각이 드는가? 알파벳도 아니고 1과 0 모양의 파스타라니 흥미롭지 않은가? 정보기술(IT) 업계에 종사한다면 한 번쯤 먹어보고 싶을지 모르겠다. 하지만 이 아이템으로 창업을 하거나 투자의사결정을 해야 한다면 어떨까? 할 만해 보이는가? 대부분 부정적일 것이다. 그런데 어느 유명 아이돌의 비트 파스타 시식 장면이 TV에 나와 빅

출처: 유튜브(Bit Soup –
Silicon Valley)

미국 드라마〈실리콘밸리〉의 한 장면 – 비트 파스타

히트를 칠지 누가 알겠는가!

그럼에도 불구하고 이 아이디어는 스타트업 사업 아이디어로는 매력적으로 보이지 않는다. 그 이유를 구체적으로 설명할 수 있다면 다른 사업 아이디어의 매력도에 대해서도 가늠해 볼 수 있을 것이다.

매력적인 스타트업의 사업 아이디어는 어떤 것일까?

우선 고객문제의 관점이다. 문제 상황이 얼마나 빈번하게 발생하는지 (frequent), 얼마나 공통적으로 나타나는지(common), 정말 해결한 만한 가치가 있는 것인지(worth solving) 살펴보는 것이다. 각각의 정도가 높을수록 매력도가 높을 것이다. 여기서 빈번함과 공통성은 시장의 크기와도 연결돼 성장성을 가늠해 볼 수 있다.

둘째, 솔루션의 관점이다. 솔루션이 얼마나 독창적인지(unique), 솔루션을 보호받을 수 있는지(protective) 또는 모방이 어려운지, 그리고 문제해결의 솔루션인지(suitable) 체크해 보는 것이다.

비트 파스타를 여기에 적용해 보면 어떨까? 우선 파스타를 먹을 때 파스타 모양 때문에 불편함을 느끼는 경우가 자주 있는지, 대상고객이 가진 공통적인 문제인지, 해결할 만한 가치가 있는 문제인지 생각해 보자. 그 다음은 1과 0 모양의 파스타가 독창적인지, 경쟁사가 동일한 모양으로 만드는 것을 방어할 수 있는지, 1과 0 모양의 파스타가 문제해결의 적절한 솔루션인지 생각해 보자. 아마 매력도를 높이려면 어떻게 해야 하는지 다시 고민해 봐야 할 것이다. 여러분의 사업 아이디어도 이런 방식으로 생각해 보자.

고객 문제	솔루션
• 빈번하게 발생하는지 • 공통적으로 나타나는지 • 해결할 만한 가치가 있는지	• 독창적인지 • 모방이 어려운지 • 최적의 문제해결 방안인지

 제품이냐? 기능이냐?

애플의 스티브 잡스Steve Jobs와 파일 공유 서비스 드롭박스의 CEO 드류 휴스턴Drew Houston이 미팅을 했다. 드류 휴스턴은 드롭박스를 출시한 상태이고 애플은 유사 서비스인 아이클라우드iCloud가 나오지 않은 상태였다. 스티브 잡스는 이 자리에서 드롭박스를 인수하고 싶다고 했다. 그러나 드류 휴스턴은 거절했다. 이에 열 받은 스티브 잡스는 협박성 발언을 서슴치 않는다. "드롭박스는 '제품 product'이 아니라 '기능 feature'일 뿐이다. 우리가 유사한 서비스를 출시한다면 당신 회사는 망할 수 있다."14)

그런데 여기서 '제품'과 '기능'의 차이는 무엇일까? 스티브 잡스가 드롭박스가 제품이 아니라고 한 이유는 기존 클라우드 서비스에 파일 공유 기능을 하나 추가하면 된다고 생각했기 때문이었다. 그러면 전세가 금방 역전될 것이라고 판단한 것이다. 예를 들어 파스타 모양을 0과 1로 만든 것은 새로운 제품이라기보다 기존 제품에 '기능'을 추가한 것이라고 할 수 있겠다(제품 모양을 바꾼 것이니 새로운 제품이라고 할 수도 있지만, 간단한 변경으로 만들 수 있다는 관점에서 기능 추가의 맥락으로 이해할 수도 있을 것). 이 파스타가 인기를 얻는다면 기존 파스타 제조기업에서도 0과 1 모양의 기능을 붙여 제품 출시가 가능하다. 거기다 기존에 가지고 있는 유통망, 브랜드 인지도, 원가 경쟁력 등을 고려하면 기존 기업을 이겨내기 어렵게 된다. 따라서 경쟁력 있는 제품이 되려면 기능 추가만으로는 곤란하고 경쟁사가 모방할 수 없는, 경쟁사가 가진 강점을 사용하기 어렵게 하는 '기능' 이상의 제품이 되어야 할 것이다.

물론 드롭박스 사례를 보면 스티브 잡스가 말한 대로 '제품'이 아닌 '기능'이라고 간주하기에 어려움이 있어 보인다. 드롭박스 서비스는 서비스 특성상 한 번 사용하기 시작하면 다른 서비스로 이동할 때 번거로운 작업이 수반되야 하기 때문에 락인 lock-in 효과[*] 가 있고, 사용자가 늘어날수록 드롭박스를 지원하는 연관 서비스가 늘어나 네트워크 효과 network effect [*]를 발생시키기 때문이다. 현실적으로 '기능'만 가진 것이냐, 경쟁력 있는 '제품'이 될 수 있는 것이냐에 대한 경계도 모호한 부분이 있다. 다만 단순히 기능 자체의 비중이 높은 경우 매력적인 사업 아이디어가 되기 어렵다는 점은 확실하다.

---

[*]락인효과 : 소비자가 제품이나 서비스를 구입하여 이용하다 보면 다른 유사한 제품(서비스)으로의 이전이 어렵게 되는 현상을 의미한다.
[*]네트워크 효과 : 어떤 재화의 수요자가 늘어나면 이용자들이 느끼는 가치도 더불어 변하게 되는 효과를 말한다. 가령 많은 사람들이 카카오톡을 이용하다 보니 여러 전달방법 중 카카오톡 하나만 사용해도 되는 등 이용자들이 늘어날수록 사용가치가 커지는 효과를 의미한다.

사업가는
예술가가 아니다

영국 사람들이 불닭볶음면을 먹을 수 있을까? 유튜브에 올라온 '런던의 불닭볶음면 도전' 영상을 보면 시식장면이 나온다. 놀라운 점은 입술이 아플 정도로 맵다며 눈물을 흘리면서도 결국 다 먹는다는 것이다. 〈영국남자〉로 유명한 유튜버 조시Josh의 채널에는 김밥·컵라면·김치·삼겹살에 도전하는 영국인의 영상도 볼 수 있는데, 이런 영상들은 조회 수가 1,000만에 육박한다.

조시는 4년 전 영국 문화를 한국어로 소개하는 영상을 만들어 유튜브에 올리기 시작했는데, 처음에는 별다른 호응을 얻지 못했다. 그 중에는 길 가던 영국인들에게 김치를 시식하게 하는 어설픈(?) 영상도 있었다. 그것을 본 한국 사람들이 한국 과자, 한국 컵라면도 시도해 보라며 조시에게 소포를 보냈다. 그 중 하나가 불닭볶음면이었고 이 영상이 큰 인기를 얻게 되었다. 매운 음식에 당황하는 영국인, 그러나 최고의 맛이라며 엄지를 들어 올

런던의 불닭볶음면 도전 영상

리는 모습은 우리에게 재미와 뿌듯함을 선사했다.

유튜브에서는 이렇게 만들어진 영상의 조회 수를 비롯해 구독자 수, 시청시간, 시청지역 등을 유튜버에게 알려준다. 시청자들의 댓글도 달린다. 유튜버는 이런 정보를 통해 시청자들이 원하는 더 좋은 영상을 만들어 간다.

스타트업도 비슷하다. 상품을 세상에 내놓은 후 목표한 고객들이 구입하는지, 그들이 진정 원하는 것이었는지 확인하며 시장적합성을 높여 나간다. 대부분 성공한 사업들의 궤적도 그러했다. 유튜브 역시 처음에는 사람들이 동영상을 올려 데이트할 친구를 찾을 수 있도록 했다. 하지만 이용자들은 친구를 만들기 위해 동영상을 올리는 일에는 관심이 없었다. 오히려 쉽고 빠른 동영상의 저장과 공유에 관심을 가졌다. 창업자들은 자신들의 생각을 접고 고객이 원하는 쪽으로 집중해 나갔다.

예술을 하는 것과 사업을 하는 것의 차이점은 무엇일까? 예술은 주로 자신이 하고 싶은 것을 하고, 사업은 고객이 원하는 것을 한다고 볼 수 있지 않을까? 조시의 사례로 돌아가 보자. 조시가 하려던 것은 영국 문화를 한국 사람들에게 알려주는 것이었다. 그런데 고객이 원하는 것은 반대였다. 오히려 한국 문화가 영국 사람들에게 어떻게 받아들여지는지 궁금해 했다. 조시는 어떤 결정을 내렸을까? 한국 문화와 영국 문화를 연결하는 영상 제작이라는 큰 틀은 유지되는 것이므로 고객이 원하는 것을 먼저 하기로 했다. 사업가의 자세로 접근한 것이다. 조회 수가 올라가자 광고수익이 나고 협찬이 붙으면서 먹고사는 문제가 해결됐다. 어느 정도 기반을 만들자 고객이 원하는 것을 만들면서도 본인이 만들고 싶었던 영상도 만들 수 있는 여유가 생겼다. 이제는 그런 영상까지 고객이 좋아해 준다. 좋은 선택이었다고 생각한다.

그런데 만약 고객이 원하는 것이 아니라 본인이 하고 싶은 일을 계속해서 밀고 나갔다면 어땠을까? 물론 성공했을지도 모른다. 하지만 시간은 좀 더 필요했을 것이다. 그때까지 최소한 굶어(?) 죽지 않아야 한다. 역사 속 위대한 화가들처럼 사후에 좋은 평가를 받을 필요는 없을 것이다. 그런 보장이 있는 것도 아니고…. 어떤 접근방식을 가질지는 창업자의 몫이다.

고객, 고객문제, 문제대안, 솔루션에 집중하라

숙박공유 플랫폼 에어비앤비의 시작은 여행객에게 에어매트리스와 아침식사를 제공하는 것에서 출발했다. 그래서 초기 사이트 이름이 에어베드 앤드 브렉퍼스트Airbed & breakfast였다. 하지만 사업 초기에는 투자자들의 관심을 끌지 못했다. 오히려 만지기조차 꺼려지는 위험한 아이디어로 취급받았다. 그도 그럴 것이 누구나 생각할 수 있는 위험이 산재해 있었다.

첫째, 안전 문제. 생전 처음 보는 여행객에게 뭘 믿고 집을 빌려주겠는가? 여행객의 입장에서도 마찬가지다. 모르는 사람의 집에서 자다가 사고라도 당하면 어떻게 하나?

둘째, 법률 문제. 처음에야 문제가 없겠지만 사업이 커지면 숙박업에 대한 인허가가 필요할 텐데 해결할 수 있을까?

셋째, 인적자원. 디자이너 창업자들이 회사를 제대로 운영할 수 있을까?

넷째, ….

다섯째, ….

안 되는 이유는 끝이 없었다.

뿐만 아니라 사업을 시작한 지 1년이 되도록 고객에 대한 정의도 명확하지 않았다. 지난 2008년 콜로라도 덴버에서 개최된 민주당 전당대회에서 숙박공유가 잠깐 이슈가 되었지만 행사가 끝나자 다시 원점으로 돌아갔다. 오히려 마트에서 시리얼을 사다가 대선주자 캐리커처를 붙여 판매한 시리얼 사업자로 더 유명해졌다.

당시 에어비앤비 창업자들은 투자를 유치하기 위해 20여 개의 벤처캐피털에 연락했는데 그 중 열 곳에서 회신을 받았고 다섯 곳을 만났으나 누구에게도 투자받지 못했다.

하지만 지금은 어떤가? 전 세계에서 하루 200만 명이 이용하는 서비스로 300억달러가 넘는 가치를 지닌 기업이 되었다.

그럼, 에어비앤비의 전환점은 무엇이었을까? 딱 3개월만 더 해보고 안 되면 폐업하자며 선택한 것이 YC(와이콤비네이터)라는 액셀러레이터에 들어가는 것이었다. 에어비앤비의 공동 창업자 조 게비아Joe Gebbia는 YC의 대표 폴 그레이엄Paul Graham과의 첫 번째 멘토링 내용을 이렇게 기억했다.[15]

폴 그레이엄 : 당신네 시장은 어디 있나?

조 게비아 : 우리는 사실 시장이 없는데요. 웹사이트 이용자도 별로 없고…. 굳이 얘기하라면 뉴욕이 가능성이 좀 있어 보이는데요. 거기에는 방을 빌려줄 호스트host가 30명 정도는 있어요.

폴 그레이엄 : 뉴욕에 고객들이 있다고? 그러면 당신들은 여기(YC가 위치

로스앤젤레스의 에어비앤비 플러스 숙소를 만나보세요

에어비앤비에서 숙소 찾기

___

한 캘리포니아 마운틴 뷰)에서 뭐하고 있는 건가?

조 게비아 : 우리는 지금 YC 액셀러레이터 프로그램 들어와 있는데요.

폴 그레이엄 : 아직도 여기서 뭐하고 있는 건가? 뉴욕으로 가라고!

조 게비아 : !!!

그들은 즉시 주말마다 뉴욕에 있는 고객의 집을 찾아다녔다. 그 과정에서 집주인들이 가지고 있던 주요 불편사항들을 발견했다. 숙박비 책정에서 사진 촬영에 이르기까지 생각지도 못했던 것들이었다. 에어매트리스를 함께 빌려줘야 한다는 규정을 없앴고, 집주인이 반드시 집에 머물며 아침식사를 제공해야 한다는 규칙도 없앴다. 에어비앤비라는 이름도 이즈음 결정됐다. 숙소를 매력적으로 촬영해야 예약률이 올라간다는 통찰도 이 과정에서 얻은 것이고 이것은 에어비앤비의 중요한 성장동력이 되었다.[16)17)]

목표고객을 찾아 그들이 가진 불편을 구체화하고 솔루션을 제시하는 과

집카존에 주차된 집카(Zipcar)

정인 '고객문제 및 솔루션 검증', 고객에게 제공하는 제품이 적합한지 확인
해 나가는 '제품(서비스) 검증'이 성장의 발판이 된 것이다. 에어비앤비가 초
기 투자유치에 실패한 것은 이런 것들이 제대로 검증되지 않았을 때였기
때문이다.

　인근에 주차된 차량을 언제든지 사용하고 반납할 수 있도록 한 자동차
공유서비스 집카ZipCar도 그랬다. 1999년 설립된 이 회사는 2003년까지 보
스턴·워싱턴DC·뉴욕에서 서비스를 늘렸으나 생각보다 성장속도가 느
려 추가투자를 받기 어렵게 됐다. 결국 이사회는 창업자를 해임하고 스콧
그리피스Scott Griffith를 최고경영자로 영입했다. 그 역시 회사를 맡자마자 고
민이 많았다. 보다 적극적인 마케팅을 해야 한다는 주위의 권유가 있었지
만 그는 수요가 늘지 않는 이유를 고객에서부터 찾아보기로 했다. 그 과정
에서 '이용할 차가 너무 멀리 떨어져 있어 불편하다'는 의견이 많이 나왔다.
고객들이 현재 서비스에서 불편함을 호소한 것이다. 그렇다면 지금은 마케
팅을 강화할 때가 아니었다. 고객 불편을 해결할 완전한 솔루션부터 만드
는 게 급선무였다. 그리피스는 공유가능한 차량을 늘리는 데 역량을 집중

했다. 목표 지역을 선정해 '블록마다 집집마다'라는 슬로건을 내세워 차를 늘렸다. 그러자 그 지역의 고객만족도가 올라갔고 수요가 늘어나기 시작했다.[18]

물론 '고객문제 및 솔루션 검증', '제품(서비스) 검증'의 과정이 말처럼 쉬운 것은 아니다. 하지만 스타트업이 초기 사업계획 그대로 성공하는 경우는 극히 드물다. 최초의 사업계획은 창업자가 생각하는 가설의 집합일 뿐이고 고객을 만나면서 달라지기 때문이다. 스타트업의 핵심은 그 가설을 고객으로부터 검증받고 적합한 방향으로 바꿔나가는 것이다. 그리고 이것은 오롯이 창업자의 몫이다.

One more 스타트업은 기술 기반의 솔루션 제공사업이 많다. 그래서 제품이나 서비스가 제대로 된 서비스인지 알기 위해서는 해당 솔루션이 누구에게 필요한지, 왜 필요한지, 스타트업이 솔루션을 제시하기 전에 어떤 대안을 가지고 있는지를 확인하는 것이 사업의 뼈대가 된다. 이 부분에 대한 가설이 구체적이어야 하고, 이 가설이 맞는지 검증하는 것이 가장 먼저 할 일이다. 그런데 적지 않은 스타트업들이 이 부분을 구체적으로 제시하지 못하는 경우가 많다. 제시했더라도 고객으로부터 검증받지 않고 그대로 제품을 만드는 경우가 많다. 사업 내용에 따라 조금씩 다르긴 하지만 이 부분이 가설대로 검증된다면 실패의 가능성을 상당히 낮출 수 있을 것이다.

리스크가 큰 부분부터 검증하라

사업 아이디어에 대한 조언을 구해 본 적이 있는가? 보통은 한두 번 정도 들어보고 난 다음 바로 사업계획서 작성에 들어갔을 것이다. 창업가는 사업계획서 작성을 통해 대상고객이 누구인지, 어떤 제품을 만들 것인지, 마케팅은 어떻게 할지, 손익은 어떻게 될 것인지 등 생각을 정리하게 된다. 이렇게 작성된 사업계획서를 보면 벌써 무언가 이룬 것 같은 뿌듯한 기분이 들 때도 있다. 하지만 사업계획서는 자신의 생각을 정리한 가설일 뿐이다. 정말 고객에게 필요한 것인지는 아직 모르는 일이다.

그럼, 사업 세획서 작성 후 무엇부터 해야 할까? 여성 드레스 대여서비스 렌트더런웨이 Rent The Runway의 사례를 통해 힌트를 얻어보자.

하버드대 경영대학원 2학년에 재학 중이던 제니퍼 하이먼 Jennifer Hyman은 추수감사절을 동생 베키의 집에서 보내고 있었다. 그날 베키는 다가오는 친구 결혼식에 입고 갈 드레스를 고민하고 있었다. 페이스북 같은 소셜미디어에 사진을 올릴 텐데 지난 번과 똑같은 드레스를 입고 싶지 않았다. 결국 백화점에서 아파트 월세보다 비싼 드레스를 사왔다. 그 모습을 지켜본 하이먼은 드레스를 필요할 때만 빌릴 수 있는 서비스를 생각했다. 비즈니스 아이디어가 된 것이다. 월요일에 학교에 가자마자 친구 제니퍼 플레이스Jennifer Fleiss와 이야기를 나눴다. 그녀도 공감했다.

그들은 비즈니스모델 중심의 사업계획서를 작성하고, 곧바로 핵심가설을 확인해 보기로 했다. 가장 중요한 것은 젊은 여성들이 '파티에 입을 드레스를 소매가의 10분의 1에 대여할 수 있다면 그렇게 할까?'였다. 그 다음 '빌린 드레스를 제대로 반납할까?' '깨끗하게 반납할까?' 등을 확인할 필요가 있었다. 주위에 조언을 구한 후 어느 정도 가능성을 타진한 창업자들은 가진 돈을 털어 100여 벌의 드레스를 구입했다. 실패를 대비해 모든 드레스는 자신들이 입을 수 있는 사이스로 구입했다. 그늘은 학교 안에서 팝업스토어를 열었다. 캠퍼스 주변에 광고를 하고 젊은 여성들을 초대했다. 그 결과 드레스를 보러 온 140명 중 35%인 53명이 대여를 했고, 그 중 51명이 양호한 상태로 우편반납했다. 나머지 두 벌도 가벼운 세탁으로 해결할 수 있었다. 성과 자체도 좋았지만 고객들의 만족스러운 표정을 보며 확신과 사명을 갖게 됐다.

이후 몇 가지 실험을 더 이어나갔다. 이들은 온라인으로 대여서비스를 할 예정이었다. 고객들이 사진만 보고도 대여할 것인지 확인하고 싶었다. 1,000명의 대상고객에게 사진 파일을 보내 드레스 대여 의사를 확인했다. 5%가 반응했다. 온라인에서도 가능하다고 판단했다.[19] 베인캐피털은 이들의 실행력에 반해 초기투자를 결정했다. 렌트더런웨이는 2009년 4월 첫 팝업스토어를 열었고 그해 11월 정식 론칭했다. 운 좋게 뉴욕타임스에 기사가 나가며 10만여 명의 회원이 가입했다.[20] 이후부터는 투자자들이 회사로 찾아와 투자를 위한 피칭을 했다고 한다. 2019년 이 회사의 가치는 10억달러로 성장했다.

렌트더런웨이 공동창업자(제니퍼 하이먼과 제니퍼 플레이스)

출처 : jezebel.com

스타트업의 사업계획서는 모두 가설로 구성된다. 스타트업의 할 일은 최소의 자원으로 핵심가설을 빠르게 검증해 나가는 것이다. 이것은 리스크를 최소화하며 사업의 성공 가능성을 높이는 방법이 될 것이다.

제니퍼 하이먼이 자신의 가설을 확인히기 위해 실험한 여러 가지 - 친구에게 말로 설명하여 대여 가능성 알아보기, 학교 캠퍼스에서 팝업스토어를 열어 사람들이 드레스를 빌려가고 되돌려 줄지 알아보기, 고객들이 온라인에서 사진만 보고도 빌려갈지 알아보기 - 방법을 생각해 보자. 말로 설명하기, 팝업스토어에서 빌려주기, 온라인에서 사진 보여주기 등은 창업자가 수립한 가설을 검증하기 위한 최소기능제품(MVP)이라고 부를 수 있다. 완제품을 만드는 것보다 훨씬 빠르고 경제적으로 만들 수 있으면서도 가설을 확인하는 데 적합하다.

그런데 많은 기술 기반 스타트업들 중 일부는 이 과정의 필요성은 인지하면서도 '고객들에게 완전하지 않은 제품을 보여주었기 때문에 고객 반응을 신뢰하기 어렵다'며 우려한다. 이에 대해 두 가지 관점에서 생각해 보자.

첫째, 창업자가 알고자 하는 가설이 검증되는지 알아보는 것이 목적이다. MVP 검증에서 실패하는 경우 창업자는 '제품이 완전하지 않아서 였다'고 말하는 경우가 많다. 하지만 고객의 핵심문제를 풀어줄 수 있다면 고객은 'OO이 더 있으면 좋겠다'고 하지, 'MVP가 완벽하지 않아서 안 되겠다'는 경우는 거의 없다.

둘째, 고객이 무엇에 대해 실망하고 불평하는지 아는 것도 중요한 학습이다. 창업자는 이미 머릿속에 개발하고자 하는 기능목록이 정리되어 있을 것이다. 너무 많아서 문제일 정도다. 기능 부족으로 인해 고객이 강하게 거부한다면 그 기능은 실제로 아주 중요한 핵심기능일 가능성이 높다. 있으면 좋겠다는 수준이라면 나중에 넣으면 된다. 별다른 반응이 없다면 그렇게 중요하지 않다고 볼 수 있다. 이 과정을 통해 계획했던 기능 중 무엇을 먼저 만들어야 하는지 알 수 있는 좋은 기회가 될 것이다.

운은 준비된 자만이
가져간다

"스타트업이 성공하려면 시장 타이밍이 중요하다고 들었습니다. 어떻게 해야 타이밍을 잘 잡을 수 있을까요?"

미국 아이디어랩의 대표이자 연쇄창업가 빌 그로스Bill Gross는 테드TED 강연을 통해 스타트업 성공의 다섯 가지 키워드로 아이디어, 팀, 비즈니스모델, 자금조달, 타이밍을 꼽았다. 그리고 이 중에서 성공과 실패를 구분짓는 가장 중요한 키워드가 바로 '타이밍'이라고 말했다.[21] 예를 들어 에어비앤비는 장기적 불황기에 창업해 사람들이 자기 집을 빌려주고 수익을 올릴 수 있도록 한 것이 핵심이라고 했다. 반면 동영상 콘텐츠 회사였던 지닷컴은 자금, 인력, 비즈니스모델 모두 좋았지만 인터넷 보급률이 낮고 회선속도도 낮은 시점에 창업해 실패했다고 했다.

그로스는 불황기에 창업한 것이 에어비앤비 성공요인이라고 했다. 하지만 에어비앤비와 비슷한 시점에 사업을 진행했던 카우치서핑·홈어웨

빌 그로스의 TED 강연

이·베드앤브렉퍼스트 같은 유사한 서비스들은 왜 그만큼 성장하지 못했을까? 불황기라는 외부요인이 긍정적인 타이밍이기는 했지만 그것만으로는 부족해 보인다.

시장 타이밍이란 사업 진입시점이라 할 수 있다. 이것은 경제환경처럼 외부요인이 있을 수 있고, 어떤 불편함을 느껴 그것을 해결할 제품을 기다리는 고객이 늘어나는 내부요인으로 구분해 볼 수 있다. 이때 시장진입의 최적 타이밍은 외부요인뿐만 아니라 내부요인을 함께 고려해야 한다. 창업가가 주도적으로 할 수 있는 것은 내부요인이다. 외부요인은 창업자 혼자 어떻게 할 수 있는 부분이 아니기 때문이다. 외부요인은 예측하고 예측이 들어맞길 기대해야 하는 부분이다. 따라서 창업가는 내부요인에 초점을 맞추며 외부요인과 일치하는 시점을 준비해야 한다.

사실 에어비앤비도 초반에는 고전했다. 가장 큰 문제는 자신의 집을 내놓을 사람이 없었다는 것이다. 이때 창업가들이 이런저런 시도를 하다 집중한 곳이 뉴욕이었다. 뉴욕은 미국 내 대표적인 관광지였고 생활비가 높은 곳으로 유명했다. 에어비앤비는 거주자들이 여행객들에게 방을 빌려주고 부가수익을 올려줄 수 있도록 했다. 하지만 거주자들은 자신의 집 내부를 촬영해 사이트에 등록하는 것부터 어려워했다. 촬영 후 등록하는 방법도 쉽지 않았고 촬영 노하우도 없었다. 그렇다 보니 사이트에 올라온 집의 내부 사진은 여행객들에게 매력을 주지 못했다. 거주자·여행객 모두에게 충분한 솔루션이 되지 못했던 것이다. 이에 창업자들은 매주 뉴욕을 방문해 이런 문제를 해결하는데 노력했다. 전문가를 보내 사진을 멋있게 찍어 사이트에 등록해 줬고, 이 사진은 여행자 고객의 마음을 움직였다. 그리고 지속적인 경기 불황은 뉴욕 거주자들에게 자기 집을 내놓을 수 있게 했고, 여행객들에게는 호텔보다 싸면서도 새로운 경험을 할 수 있는 기회를 만들어 줬다. 내부요인을 충족시킨 것이다.

시장 타이밍은 외부요인이 충족돼도 내부요인을 충족시키지 못하면 성상하기가 어렵다. 불경기라는 동일한 외부요인이 있었지만 다른 숙박공유 서비스가 성장하지 못한 것을 보면 알 수 있다. 그러나 내부요인이 고객에게 충족되면 외부요인이 성장의 결정적인 계기를 마련해 줄 수 있다. 거주자와 여행객에게 최적의 솔루션을 제공하게 된 상황에서 빌 그로스의 말처럼 지속적인 경기 불황까지 계속된다면 돛단배에 순풍이 부는 격이 된다.

One more 스티트업이 외부환경 흐름에 올라타는 것은 가능한 일이지만 흐름의 속도를 빠르게 하거나 방향을 바꾸는 것은 쉬운 일이 아니다. 환경 변화에 대한 확신은 있는데 현시점에서 대다수 고객들이 이에 대한 니즈를 가지고 있지 않다면 어떻게 해야 할까? 환경 변화의 조짐이 있다면, 그리고 그것이 사실이라면 창업가가 생각하는 고객문제나 제품에 관심을 가진 선도자들이 있을 것이다. 그 집단을 찾아야 한다.

페이팔의 핵심기술은 인터넷에서의 대금결제 기능이다. 전자상거래가 활성화될 것이고 거래가 늘어날 것이라는 방향을 본 것이다. 하지만 당장 적용할 곳이 없었다. 그래서 찾은 것이 팜파일럿이었는데, 팜파일럿 자체가 성공하지 못했다. 그 다음은 이메일 이용자들끼리의 송금이었는데, 역시 적절치 않았다. 그래서 찾은 것이 이베이의 파워셀러들이었다. 이들에게는 편리한 결제서비스의 니즈가 아주 강한 상황이었다.

스티브 잡스와 스티브 워즈니악이 모니터가 달린 최초의 개인용 컴퓨터(PC)를 만들었을 때 어떤 사람들이 관심을 가졌을까? 컴퓨터에 모니터가 있다고 한들 그것으로 무엇을 한단 말인가? 앞으로 컴퓨터 활용이 대세가 되리라는 것을 알았더라도 당시 개인용 컴퓨터에 관심을 갖는 사람은 없었다. 특히 일반인들은 아무도 관심을 가지지 않았다. 그래서 잡스와 워즈니악은 컴퓨터를 들고 버클리대학의 홈브루클럽에 가져갔다. 그곳은 컴퓨터 마니아들이 정기적으로 모여 세미나를 하는 곳이었다. 이들에게 모니터가 달린 컴퓨터는 새로운 세상이었고, 이곳에 있었던 한 컴퓨터 가게로부터 50대의 주문을 받았다. 그것이 애플의 시작이었다.

페이팔과 애플의 두 가지 사례에서 얻을 수 있는 힌트는 '추세의 한 방향이라고 느낀다면 아직 대세가 아니라고 해도 누군가는 분명 그것을 꼭 필요로 하는 사람들이 있을 것'이라는 것이다. 어차피 스타트업이 완벽한 시점을 기다렸다가 시작한다는 것은 불가능한 일이다. 스타트업이 할 수 있는 것은 지금 이 시점에서 제공하고자 하는 제품이나 서비스를 가장 필요로 하는 사람들을 찾아 제공하는 것이다. 그래야 뭔가를 도모할 수 있게 된다.

확증편향을
관리하라

자신의 사업 아이디어에 대해 고객들이 원하지 않을 것이라고 생각하는 창업자가 있을까? 아마 조금이라도 이런 생각이 들었다면 사업을 시작하지 않았을 것이다. 그러나 현실은 어떠한가? 창업 실패의 가장 큰 이유 중 하나가 '고객이 원하지 않는 제품을 만들어서'라고 하지 않는가! 확신을 가지고 창업했지만 잘못된 확신이었던 것이다. 이런 사실을 창업 전에 알았다면 좋았을 텐데….

일반 기업들은 기존의 경험, 구성원 역량, 시장조사 등을 통해 확신의 근거를 만든다. 하지만 스타트업은 창업자 또는 소수의 창업팀이 자신이 가진 기술이나 아이디어에 의존해 그들의 생각만으로 확신하는 경우가 많다. 그래서 잠재고객들을 많이 만나보라고 하는 것이다. 그런데 이것이 말처럼 쉬운 일이 아니다. 만난다고 해서 해결되지 않기 때문이다. 창업자가 가진 '확증편향(confirmation bias)' 때문이다.

확증편향이란 '자신의 신념과 일치하는 정보는 받아들이고, 신념과 일치하지 않는 정보는 무시하는 경향'을 말한다. 즉, '신이 있다'고 믿는 사람은 신이 있다고 생각할 만한 정보는 적극적으로 받아들이고 신이 없다고 생각될 정보는 무시하려는 것이다. 확증편향이 높은 창업자일수록 원하는 정보만 받아들이려고 한다. 하지만 그렇게 해서는 고객이 원하는 제품을 만들기 어렵다. 그렇다면 어떻게 해야 확증편향을 줄일 수 있을까?

첫째, 창업 초기에는 고객 설문보다 인터뷰에 집중해야 한다. 그런데 확증편향이 높은 창업자일수록 이 일을 어렵게 느낀다. 엄연한 사실인데 굳이 만나는 수고를 할 필요가 없을 것 같아서다. 그러다 보니 주로 설문으로 대체하려 한다. 하지만 설문으로는 확증편향을 벗어나기 어렵다. 어떤 방식으로 질문하느냐에 따라 원하는 방향으로 답변을 유도할 수 있기 때문이다. 똑똑한 창업자일수록 자신의 생각에 맞춘 답변을 유도할 수 있는 설문을 만들게 될 것이다. 하지만 고객 인터뷰는 자신의 솔루션이 고객의 문제를 제대로 해결할 수 있는지 아무것도 모른다는 자세로 만나는 것이다. 사업은 나를 위해 무언가를 만드는 것이 아니라 상대에게 최적화된 것을 만드는 것임을 잊지 말아야 한다.

둘째, 사업 아이디어는 '신념'에 관한 문제가 아니다. 창업자들은 사업 아이디어에 대해 부정적인 의견을 듣게 되면 그것을 자기 자신에 대한 공격, 자기 신념에 대한 부정으로 받아들이는 경우가 많다. 사업 아이디어를 자신의 신념 혹은 정체성이라고 생각하기 때문이다. 하지만 사업 아이디어는 신념 같은 것이 아니다. 고객문제를 해결해 나가는 방법일 뿐이다. 설령 그것이 신념같이 느껴지더라도 열린 태도를 가질 필요가 있다.

셋째, 고객과의 커뮤니케이션 고리를 놓치지 말아야 한다. 회사가 커지면 커질수록 창업자는 해야 할 일이 늘어난다. 특히 구성원들이 늘어나기 시작하면 실무자들이 고객 접점에 전진배치되고 창업자는 실무자 뒤로 계속 밀려나게 된다. 그러면 다시 창업자의 확증편향이 나타날 수 있다.

성공한 사업 아이디어도 창업 초기에는 대부분 완벽하지 않다. 대부분 어설퍼 보인다. 하지만 창업자는 그것이 확실한 사업기회라고 생각한다. 그리고 이러한 확증편향이 있어야 창업할 수 있다. 다만 창업을 한 후에는 확증편향을 버리는 것이 관건이다.

CHAPTER 3

창업 후
곧 만나게 될
미래

창업 초창기

창업경진대회,
대회는 대회일 뿐이다

"저희는 ○○기관이 주관한 창업경진대회에서 대상을 받은 팀입니다."

목에 힘이 잔뜩 들어가 있다. 자신들의 사업계획을 공식적인 대회에서 인정받았다는 자신감 때문이다.

정부에서 지속적인 창업지원정책을 펼쳐나가자 많은 기관과 단체에서 창업경진대회를 개최하고 있다. 좋은 사업 아이디어를 가진 창업자를 선발하여 지원함으로써 성공적인 창업을 돕겠다는 것이다. 스타트업도 자신의 사업을 알릴 수 있고 잘되면 사업에 도움이 되는 상금도 얻을 수 있으니 충분히 활용할 가치가 있다. 다만 경진대회 수상이 사업성을 담보하는 것이 아니라는 점은 분명히 해야 한다. 다음과 같은 이유 때문이다.

첫째, 심사위원들이 대회에 참가하는 스타트업의 대상고객이 아닐 수 있다는 점이다. 20~30대 여성 고객을 대상으로 하는 사업 아이디어를 발표하는데 심사위원 대부분이 40대 남성이라면 어떨까? 발표를 잘해 높은 점수를 얻었다고 하더라도 과연 시장에서 좋은 반응이 나올 수 있을까?

둘째, 수상자는 평가점수 순으로 선정된다. 대회의 성격이나 규모에 따라 차이가 있겠지만 때때로 사업성이 낮아 보이는 아이템이 많다. 하지만 심사위원이 할 수 있는 것은 주어진 평가표에 맞춰 점수를 매기는 것이고 주최 측은 점수를 취합해 점수에 따라 준비된 상을 준다. 그렇다 보니 수상자 가운데는 단지 점수가 높기 때문인 경우도 적지 않다.

셋째, 사업 아이디어는 사업을 시작하는 최소한의 필요조건일 뿐 충분조건이 아니다. 실제로 사업은 아이디어 자체보다 그것을 실행하는 과정에 더 큰 비중이 있다. 함께할 팀원을 모으고 현금흐름을 관리하며 목표 수준의 제품을 만들어 판매에 나서야 한다. 그런데 이때 최초의 아이디어가 변하지 않고 성공으로 이어지는 경우는 거의 없다. 따라서 이때 고객 관점에서 유연하게 생각하고 제대로 실행하는 것이 중요하다. 스타트업 초기투자자들이 '사람을 보고 투자한다'는 말은 바로 이러한 이유 때문이다.

1990년대 초중반 젊은 세대를 열광시킨 '서태지와 아이들'이 오디션 프로그램에 나왔을 때 전문가들은 70점대의 낮은 점수를 줬다. 그러면서 "멜로디가 약하고 음악성이 떨어진다"고 말했다. 하지만 다음 날부터 대중은 열광했다. 전문가는 전문가고 고객은 고객이다.

창업경진대회에서 수상했다고 목에 힘주지 말고 괜한 자신감에 사로잡히지 말자. 수상하지 못했다고 우울해할 필요도 없다. 중요한 것은 고객이다. 매일같이 창업자의 제품에 열광하는 고객들이 얼마나 늘어나고 있는지를 확인하고 움직여야 한다. 최후의 승자는 고객으로부터 대상을 받는 스타트업이다.

아이디어에 대해
부정적 평가를 두려워 마라

"제 서비스는 음악을 빠르게 검색할 수 있게 해줘요. 그렇게 되면 저작권

을 위반하는지도 알 수 있고….”

"이봐, 리처드. 사람들은 저작권 따위에 신경쓰지 않는다고.”

"그렇지 않아요. 이용자들이 더 많이 모이면….”

"리처드, 여기 계속 남아있고 싶으면 더 멋진 걸 만들어 보라고.”

스타트업의 이야기를 역동적으로 다룬 미국 드라마 〈실리콘밸리Silicon
Valley〉 첫 회에 나오는 장면이다. 압축 알고리즘을 개발해 음악 검색서비스
를 만든 리처드와 인큐베이팅센터의 대표 얼릭과의 대화다. 얼릭은 아비아
토라는 회사의 매각자금으로 소규모 인큐베이팅센터를 운영하고 있다. 그
는 리처드의 서비스가 형편없다고 생각했고, 개선의 여지가 없으면 퇴거를
명령할 참이었다.

미국 드라마 〈실리콘밸리〉의 한 장면 – 얼릭과 리처드의 대화

이는 창업자가 누군가에게 사업 아이템을 보여줬을 때 흔히 볼 수 있는 장면이다. 그 대상이 선배 기업가든, 창업 멘토든, 그 분야의 전문가든 말이다. 이 경우 상대방이 긍정적인 피드백을 주면 자신감에 넘치고, 부정적인 피드백이라면 우울해질 것이다. 하지만 이건 단지 그들의 의견일 뿐이다. 그들은 운동경기의 심판이 아니다. 그러니 기뻐할 필요도, 우울해할 필요도 없다. 단지 창업가는 이러한 대화를 대화 자체로 끝낼 게 아니라 배울 점을 찾아야 한다.

피드백을 주는 상대방이 창업가가 생각하는 잠재고객이라면 그의 이야기를 보다 진지하게 들어야 한다. 상대방을 설득시키려 하지 말고, 아무것도 모른다는 자세로 이야기를 들어야 한다. 이를 통해 내가 생각한 고객 니즈가 나 혼자만의 니즈였는지, 고객은 어떻게 생각하는지 알아야 한다. 이런 과정을 많이 거칠수록 보다 현실적인 아이디어가 된다.

상대방이 해당 분야의 전문가나 경험자라면 그들의 이야기는 창업가가 살펴봐야 할 최우선 명제가 된다. '사람들은 이러한 상황을 불편해하지 않을 것 같다' '이것보다 더 나은 대안이 시중에 나와 있다' 등의 조언을 듣는다면 이것부터 검증해야 한다. 그들은 사업의 가장 큰 리스크를 제시해 준 고마운 사람들이다. 검증의 방법은 고객을 만나는 것이다. 고객들을 만나 정말 불편함이 없는지, 더 나은 대안을 사용하고 있는지 확인하는 것이다. 그리고 고객을 만나는 과정에서 자신의 생각과 다르다면 꼭 필요한 사업인지 다시 한 번 고민해 봐야 한다. 아직 사업을 본격적으로 시작한 게 아니니 지금도 늦지 않았다.

숙박시설 하나 없는 숙박공유 사이트 에어비앤비는 2017년 투자유치 기준 시가총액이 300억달러를 넘어섰다. 세계 2위 호텔 체인인 메리어트를 능가한 것이다. 그런 에어비앤비도 사업 초기 아이디어를 말했을 때 대부분의 사람들이 부정적인 반응을 보였다. 결국 그들은 이 비즈니스모델이 가능한 것인지 큰 행사가 있는 지역부터 검증해 가기 시작했다.

사업자등록증을 내고, 도메인을 얻고, 웹사이트를 만들고, 사람을 뽑고, 제품을 만드는 것보다 고객 검증이 먼저여야 한다.

외부평가에
일희일비하지 마라

"저희는 기업을 대상으로 직무교육 서비스를 제공하고자 합니다."

인터넷으로 기업 직무교육 서비스를 시작하는 스타트업의 피칭이었다.

"그래요? 그거 앞으로 우리 대학들에서 할 일인데…. 대학이 나서면 대표님 사업에 경쟁력이 있을까요?"

한 교수님의 피드백이었다. 앞으로 대학들도 학생뿐 아니라 기업 임직원 교육을 본격적으로 제공할 것이라는 것이다. 대학들도 생존경쟁에 직면해 있어 선택의 여지가 없다는 점도 말했다. 스타트업 입장에서는 생각해 볼 만한 내용이었다. 그런데 그 후 어떻게 되었을까? 최근 20년간 직무교육 산업에 변화를 줄 만큼 대학의 참여가 있지는 않았다. 최근 20년이라고 언급한 이유는 실제 이 대화가 1998년에 있었기 때문이다. 그리고 그 스타트업은 해당 사업으로 꾸준히 성장해 나갔다.

사업 초기, 구체적으로 수익을 내기 전까지는 누구나 그 사업에 대해 한 마디씩 거들 수 있다. '비즈니스모델이 약하다' '대기업이 진입하면 어떻게 할 거냐' '팀 구성이 제대로 되어 있지 않다' '그게 사업이 되겠느냐' 등등 나열하자면 끝이 없다. 그리고 그 의견들이 맞는지 틀린지는 당장 입증하기 어렵다. 시간이 걸리기 때문이다. 또 스타트업 피칭 같이 공개적 장소에서는 말하는 사람이 주로 '갑', 창업자는 '을'의 입장인 경우가 많다 보니 스타트업은 충분히 말할 기회가 적고 스트레스만 받기 십상이다. 이런 상황을 어떻게 대처하면 좋을까?

첫째, 감사히 들으면 된다. '무플'보다 '악플'이 낫다는 우스갯소리가 있다. 그래도 관심이 있으니까 의견을 주는 것이라고 생각하면 된다. 상대방이 자신에게 나쁜 감정을 가졌을리 없을 테니 말이다.

둘째, 비즈니스모델을 발전시키는 기회로 삼는다. 상대방의 의견을 통해 생각지 못했던 통찰력을 얻을 수 있다면 최상이다. 개선하면 된다. 중요한 부분에서 생각이 다르다면 그 부분을 우선 확인해 보는 기회로 활용한다. 매번 동일한 지적에 직면한다면 다음 번에는 동일한 언급이 나오지 않도록 대응전략을 만들어야 한다.

셋째, 의사결정의 기준은 고객이다. 다른 사람들의 말에 휘둘릴 필요가 없다. 와이콤비네이터(YC)의 폴 그레이엄은 에어비앤비의 창업자를 만났을 때 이렇게 말했다. "사람들이 실제로 이걸 원한다고요? 왜요? 진짜로 말입니까?" 하지만 그레이엄은 핵심고객이 아니었다. 그는 훗날 자신이 숙박공유의

와이콤비네이터의
폴 그레이엄

개념을 제대로 이해하지 못했었다고 고백했다. 결국 그것을 원하는 고객이 있는지, 고객이 그것을 원하는지가 기준이다.

넷째, 도광양회(韜光養晦)가 필요하다. 이는 '자신을 드러내지 않고 때를 기다리며 실력을 기른다'는 뜻이다. 사업이 성공하면 최대 승자는 창업자 본인이다. 창업 초기 부정적인 의견들은 온데간데 없어지고 모든 과정이 성공의 무용담이 된다. 물론 성공 후라고 달라지면 안 되겠지만 본인의 뜻을 이루기 위해 실력을 기르며 겸손을 유지해야 한다. 주위의 말을 감사히 듣되 스스로 판단해 실행하면 된다. 말 한 마디 한 마디에 상처받을 이유가 전혀 없다. 일희일비하지 말고 묵묵히 걸어가자.

Go or Stop?
스스로에게 물어보라

'사업이 처음 생각했던 것처럼 빠르게 커가지 않지만 그래도 하루하루 성장하고 있다. 때때로 끝이 보이지 않는 이 여정이 올바른 선택이었을까 하는 생각이 들기도 한다. 과연 나에게 기업가 자질이란 것이 있기는 한 걸까? 이 사업을 성공으로 이끌 수 있을까?'

햇수로 4년째를 맞는 스타트업 대표의 고민이다. 대부분의 스타트업들은 시장성 있는 사업 아이디어를 생각해 냈다며, 또는 획기적인 기술 개발에 성공했다며 이제 실행만 하면 대박이라고 생각하고 창업을 한다. 하지만 현실은 생각만큼 단순하지 않다. 지지부진한 사업 진행과정은 이것을 계속하는 것이 좋을지 지금이라도 포기하는 것이 좋을지 고민하게 만든다.

"만약 2~3년 뒤 지금 하고 있는 사업이 실패한다면 어떤 기분이 들까?"

이런 질문을 해보고, 자연스럽게 떠오르는 생각을 스스로에게 말해 보자.

옳고 그름에 대한 것이 아니니 편하게 해보자. 대답은 크게 두 가지로 나뉠 것이다.

먼저 '시간 낭비였어. 이 시간 동안 다른 일을 했으면 훨씬 좋았을 텐데' '이 시간 동안 공부를 더 했으면 석사 학위나 박사 학위를 딸 수 있었을 텐데' '정상적인 회사에서 일을 했으면 경력도 쌓고 돈도 벌었을 텐데'와 같은 대답이다. 충분히 그럴 수 있다. 이러한 대답은 현재 진행되는 사업에 대한 개인적 의미를 찾지 못했기 때문이다. 사업 내용이 변경되면서 애초에 생각했던 창업 동기와 내용이 달라진 것일 수도 있다. 돈을 버는 것이 사업의 가장 큰 목적이었던 경우도 여기에 해당한다. 이런 생각이 든다면 사업 진행 여부를 더욱 진지하게 고민해 볼 필요가 있다.

반대로 '사람들에게 새로운 가치를 주기 위해 많이 노력했다' '아쉽기는 하지만 꼭 필요한 일에 도전해 봤다. 충분히 가치 있는 일이었다' '비록 잘 안 되기는 했지만 이 과정에서 많은 것을 배운 의미 있는 시간이었다'는 생각이 들 수도 있다. 이런 대답은 지금 하고 있는 일에 대한 확신이 있고 의미도 확실한 경우다. 이런 대답이 떠오른다면 다시 한 번 사업의 목적과 가치, 필요성을 노트에 정리해 보고 창업 멤버들이나 회사 구성원들과 이야기를 나누며 마음을 모아보자. 사업이 궤도에 오르는 데에는 생각보다 시간이 더 걸릴 수 있다는 사실을 인지할 필요가 있다. 실제로 몇 년 만에 큰 성공을 거두는 회사는 별로 없다. 페이스북·알리바바 같은 곳들이 각광을 받기 시작한 것이 언제부터였는지 살펴보면 알 것이다. 이제부터는 사업의 진행과정을 즐겨야 한다. 의미 있는 일을 하면서 많은 것을 배우고 있지 않은가!

물러서는 것도 전략이다. 훗날을 도모하라

"조금만 더 버티면 될 것 같은데 돈이 없어서…."

창업 기업의 실패 가능성이 성공 가능성보다 높다는 것은 익히 알려진 사실이다. 그럼에도 불구하고 창업자들 모두가 자신은 성공할 것이라고 생각한다. 그렇지 않으면 창업을 하지 않았을 것이다. 아이러니가 아닐 수 없다.

하지만 아쉽게도 때가 되면 보유현금이 바닥나는 스타트업이 나오게 된다. 조금만 더 버티면 기회가 올 것 같은데 당장 돌아오는 월급날을 해결할 방법이 없다. 매출이 갑자기 늘지는 않을 것이고 돈을 구하지 않고서는 어찌해볼 도리가 없다. 그동안 창업자는 정책자금과 투자자금을 확보하기 위해 뛰어다녔을 것이고, 금융권으로부터 차입을 받았을 수도 있다. 그래도 부족해 지인들에게 부탁하고 조금 더 나가면 사채를 얻었을 것이다.

여기서 상황이 개선되지 못하면 어떻게 될까? 금융권 부채는 회사가 빌

렸더라도 대부분 대표이사가 책임져야 할 부분이다. 잘못하면 신용불량자가 될 수 있다. 납부해야 할 부가가치세는 이미 써버렸을 테니 국세체납자가 된다. 돈을 빌린 지인들의 연락을 피하게 되고, 사채를 빌렸다면 상환 독촉이 시작될 것이다. 급여가 밀릴 것이고 그만두는 직원의 퇴직금이 미지급되면 지방노동청에 고발당할 것이다.

이런 일련의 사태가 발생되기 전에 상황을 진지하게 생각해 봐야 한다. 어떻게 해야 할까?

첫째, 현재의 부채가 향후 감당할 수 있는 수준인지 확인한다. 실패시 자산과 상계처리하거나 사업을 매각할 수 있는지 모두 고려해 부채 수준을 살핀다. 자신이 감당할 수 있는 수준 이상으로 부채를 늘리지 말아야 한다.

둘째, 사업의 마지노선을 정해놓아야 한다. 기한을 정해놓고 자신이 할 수 있는 최대한의 전략을 실행하기로 약속한다. 그러고도 기대한 결과가 나오지 않으면 철수하는 것이다. 후회하지 않을 정도까지 해보자.

셋째, 구성원들과 함께 고민해 보자. 부채를 조달하기에 앞서 함께 일하는 사람들과 상의해 보라. 극단적으로는 전 직원 무급을 선언할 수도 있다. 물론 향후 충분한 보상을 약속해야 한다. 구성원들은 냉정하다. 비전이 있으면 남을 것이고 그렇지 않으면 움직일 것이다. 그들이 모두 나간다고 야속하게 생각할 필요가 없다. 현실을 직시하고 빠른 의사결정을 내릴 수 있게 해준 것에 감사해야 한다.

때때로 사업을 정리하는 것이 성공의 문턱에서 포기하는 것은 아닐까 하는 생각이 들 수도 있다. 자신을 바라보는 주위의 시선이 부담스럽기도 하다. 정말로 성공이 눈앞에 있는데 사업을 정리했을 수도 있다. 하지만 결과는 아무도 모른다. 그것은 '운(運)'의 영역이다. 운의 시점이 조금 안 맞았다고 생각하자. 인생은 길다. 모든 미래를 지금 다 걸 필요는 없다. 이번 사업에서 무엇이 부족했는지 냉철히 분석하고 다음에 더 잘하면 된다. 철수도 전략이다.

이 주제는 앞으로 돌아가서 한 번 더 읽어봐주면 좋겠다.

One more '대한민국에서는 실패를 용납하지 않는 문화가 있다'는 이야기를 들어본 적이 있을 것이다. 하지만 사업에 실패했다고 해서 누군가에게 용서를 구해야 할 일은 생기지 않는다. 용납하고 아니고의 문제가 아니라는 것이다. 이 문제는 사실 돈 때문에 생긴다. 대출금에 대한 책임을 대표자가 지고 있기 때문에 실패하면 재기가 어려워서 생긴 말이다. 따라서 감당할 만큼의 대출 내에서 반전을 이루지 못한다면 일단 후퇴하는 것도 방법이다. 그리고 다시 기회를 도모하는 것이다. 내가 생각하는 가장 좋은 방법은 가능성 있어 보이는 스타트업이나 중소기업에 들어가는 것이다. 이미 기업가정신을 가지고 있어 자기 일처럼 열심히 할 것이고, 보다 객관적 관점에서 사업 경영을 볼 수 있으며, 함께 회사를 키우며 많은 것을 배우게 될 것이다. 그렇게 함께 회사를 키우거나 그 과정에서 새로운 기회를 찾았다면 다시 한 번 창업에 도전할 수 있을 것이다. 기회는 또 오게 된다. 지금 당장 모든 것을 걸어야 할 필요는 없지 않겠는가! 사업은 도박이 아니다.

위기는 힘들지만 넘기면
경쟁력이 된다

사업을 한다는 것은 잠시라도 페달을 밟지 않으면 쓰러지는 자전거를 타는 것과 같다. 별다른 일이 없으면 앞으로 나갈 수 있지만 오르막이 나오거나 바퀴에 펑크가 나 멈추기도 한다. 때로는 누군가 뒤에서 붙잡기도 하고 옆에서 들이받기도 한다. 사업은 정말 많은 것을 경험하게 만든다.

이케아IKEA는 세계 최대의 가구 기업이다. 창업자 잉바르 캄프라드Ingvar Kamprad는 1953년 스웨덴의 작은 마을에서 가구 매장을 오픈했다. 매장을 운영하다 보니 신혼부부들이 비싼 가격 때문에 높은 이자율의 할부 구매를 하는 것이 안타까웠다. 당시 스웨덴 가구들은 품질이 좋은 데 반해 가격이 너무 높았다. 캄프라드는 품질 좋은 가구를 싼 가격에 팔 수 있는 방법을 연구했다. 우선 원가를 낮추기 위해 임대료가 싼 도시 외곽에 매장을 내고, 제조업체에는 판매대금을 빨리 지급하는 조건으로 매입가를 낮

이케아(IKEA)의 창업자 잉바르 캄프라드

쳤다. 그리고 본사의 판매 마진도 낮췄다. 이런 방법들을 통해 가구의 판매가격을 낮출 수 있었다. 고객들은 환호했다. 하지만 경쟁업체들이 가만 있지 않았다. 스웨덴 가구연합회는 제조업체에 압력을 가해 이케아에 가구를 납품하지 못하도록 했다. 난감한 상황이었다. 고민 끝에 이케아는 물가가 낮은 폴란드로 건너가 직접 가구 공장을 지었다. 그러자 가구 공급가가 스웨덴 가구업체의 절반 수준으로 낮아졌다.

"골치 아픈 문제가 새로운 기회를 만들어 줬다. 이케아의 스타일을 찾는 계기가 되었다."
잉바르 캄프라드의 말이다.[22)23)]

미국 사우스웨스트항공사는 1968년 텍사스 내 3개 도시에 취항할 수 있는 사업승인을 받았다. 하지만 기존의 경쟁사들이 이를 막았고 3년 6개월 간의 법적 투쟁 끝에 정식운항을 할 수 있게 되었다. 하지만 그 후에도 경쟁사들의 방해는 계속되었다. 결국 운항 첫해 370만달러의 적자를 기록했고 부득이 4대의 비행기 중 한 대를 매각할 수밖에 없었다. 다시 위기에 봉착한 것이다. 임직원들은 남은 3대로 기존의 스케줄을 소화하기로 했다. 비행기가 지상에 착륙한 후 10분 안에 다시 이륙할 수만 있다면 가능한 일이었다. 그 전에는 한 시간 정도 걸렸다고 한다. 과연 할 수 있었을까? 그들은 해냈다. 다른 방법이 없었기 때문이다. 그리고 이것은 사우스웨스트항공만 할 수 있는 중요한 경쟁력이 되었다.

허브 켈러허 사우스웨스트항공 공동창업자는 "때로는 분노가 커다란 힘을 발휘할 수 있다. 십자군전쟁 같은 기분이었다"고 했다. 그들에게 4대의 비행기가 그대로 남아 있었다면 10분 내 이륙이 가능했을까?[24)25)]

애플의 창업자 스티브 잡스는 스탠퍼드대 졸업 축사에서 "지금의 여러 경험이 미래에 어떤 도움이 될지 지금은 알 수 없지만 미래에 과거를 돌아보면 그런 경험들이 분명히 연결된다"고 말했다. 그리고 "그것을 믿어야 한다"고 말했다.[26)]

지금 창업자들의 모든 경험은 미래의 어떤 일들과 연결될 것이다. 이때 어려움을 헤쳐나갈 수 있다면 중요한 경쟁력이 될 것이다. 그것이 오늘 자전거 페달을 밟을 수 있는 힘이 될 것이다.

공동창업시
꼭 해야 할 일

"스타트업을 만들 때 세 명이 함께 시작했습니다. 대표인 제가 40%의 지분을 갖고 나머지 두 명이 30%씩 나눴습니다. 1년 반이 된 시점에서 한 명이 회사를 그만두겠다고 합니다. 문제는 30%의 지분을 그대로 보유하겠다고 하는 것인데요. 저는 회사에 내놓고 나가야 한다고 생각합니다."

"저는 개발을 맡았습니다. 지난 1년 반 동안 급여를 제대로 받지 못해 생활이 어려워졌고 더 이상 감당하기 힘들어졌습니다. 개발은 이미 완료됐고 저를 대신할 사람을 뽑아 충분히 전수해 줬습니다. 저는 제 역할을 다 했지만 제내로 보상도 못 받았는데 지분까지 내놓아야 하나요?"

두 사람 모두 일리가 있다. 현 시점에서 가능한 방법은 최대한 합의하는 것이다. 그동안의 기여도를 현금으로 환산해 지급 후 지분을 돌려받든지, 남은 사람이 적정한 금액에 지분을 인수하든지 하는 타협점을 찾아야 한다.

사실 이런 일은 공동창업에서 자주 일어난다. 개인적 상황 변화, 의사결정 과정에서 생기는 갈등, 서로간의 기대 차이 등에서 여러 변수가 생긴다. 그래서 누군가는 먼저 떠난다. 이때 어떻게 정리할 것인가를 미리 정해놓지 않으면 곤란한 일이 생긴다. 특히 서로 감정이 상한 상태로 의미 있는 지분이 외부로 나간다면, 심지어 경쟁사라도 설립하게 된다면 정말 황당해진다. 그래서 '동업계약서'가 필요한 것이고, 여기에는 퇴사하는 공동창업자의 보유 지분에 대한 합의가 반드시 포함되어야 한다. 몇 가지 점검할 사항을 살펴보자.

첫째, 퇴사시 보유 지분의 처리방식이다. 지분을 액면가 또는 정해진 가격에 포기하는 방법, 일정 기간(예를 들면 5년)을 넘길 때만 권리를 인정하는 방법, 이 두 가지를 합쳐 일정 기간과 근무기간에 비례해 권리를 보유하는 방법(5년 동안 매월 60분의 1씩 권리를 가지는 방법) 등이 있다.

둘째, 지분 매매방식이다. 동업이 깨지기 전 공동창업자가 임의로 지분을 매도하는 경우가 있을 수 있다. 이 경우는 퇴사 이전에 지분 변동이 생기는 것으로, 퇴사자가 보유한 지분율이 높다면 큰 문제가 될 수 있다. 따라서 임의로 매도할 수 없도록 공동창업자 지분거래는 이사회 승인을 통해 가능하도록 미리 정해놓을 필요가 있다.

셋째, 매도 지분의 귀속 또는 인수 주체다. 대표이사가 인수하는 방법, 남은 공동창업자가 인수하는 방법 등이 있을 것이다. 혹은 기여도는 높으나 지분이 없는 구성원, 새로 영입할 구성원들을 위해 사용할 수 있을 것이다.

공동창업자의 퇴사는 거의 발생한다고 봐야 한다. 창업시 지분을 어떻게 구성할 것인지도 중요하지만 정작 문제는 공동창업자의 퇴사에서 발생하게 된다. 앞에서 제시한 내용을 바탕으로 최선의 조합을 해보자.

멘토와 좋은 관계를
유지하는 몇 가지 팁

스타트업! 좋은 아이디어를 상품화하면 고객들이 구입할 것이고 그렇게 만 되면 사업이 술술 풀리는 줄 알았다. 하지만 그게 그렇게 단순하지 않 다는 것을 아는 데는 그리 오랜 시간이 걸리지 않는다. 함께할 사람을 찾 는 일, 투자를 유치하는 일, 상품을 알리는 일, 업무 프로세스를 확립하는 일 등 고민하고 결정해야 할 것들이 한둘이 아니다. 인터넷을 검색하거 나 책을 봐도 딱 맞는 정보를 찾기가 어렵다. 먼저 이 과정을 진행해 봤던 누군가에게 물어보면 좋을 텐데…. 그렇다. 선배 창업가들이 필요한 시 점이다.

창업 초기에 일어나는 일의 대부분은 약간씩 차이가 있겠지만 창업가라 면 누구나 앞서거니 뒤서거니 겪는 일이다. 수영을 책으로 배우는 것과 수 영 선수에게 수영하는 모습을 보여주며 조언을 받는 것과의 차이 같은 것이다.

　업계에서는 이런 선배 창업가들을 '멘토mentor'라고 부르고 이들 간의 교류를 '멘토링mentoring'이라고 부른다. '멘토'는 '현명하고 성실한 조언자' 또는 '스승'이라는 의미를 가진 단어다. 선배 창업가로부터 멘토링 기회가 생겼을 때 이를 보다 효과적으로 활용할 수 있는 몇 가지 팁을 살펴보자.

　첫째, 멘토에 대해 궁금해 하자. 선배 창업가라고 하면 과거 창업한 회사나 현재 경영 중인 회사가 있을 것이다. 그 회사와 멘토에 대해 먼저 알아보고 궁금한 점들을 물어보자. 멘토가 어떤 배경과 경험을 가졌는지 알게 되면 향후 그의 이야기를 이해하는데 큰 도움이 될 것이다. 멘토 역시 자신에 대해 관심을 갖는 멘티에게 긍정적인 감정이 생길 것이다.

　둘째, 멘토링 후 관련 내용을 멘토와 공유해 보자. 오늘 나눈 이야기와 자신의 생각, 향후 계획을 정리해 이메일을 보내는 것이다. 바쁜 일상을 보냈을 멘토 역시 다시 한번 미팅 내용을 확인하고 추가할 내용이 있는지 살펴볼 것이다. 이 과정을 통해 자신의 생각도 정리할 수 있는 기회로 활용한다.

　셋째, 멘토 의견의 적용 여부는 스스로 기준을 만들며 판단해야 한다. 멘토의 의견이라고 해서 무조건 정답이 아니다. 경영 의사결정은 수학 공식처럼 하나의 정답을 가진 것이 아니기 때문이다. 또한 중요한 의사결정이 필요하다면 여러 멘토의 의견을 들을 필요가 있고, 이때 멘토에 따라 상반되는 의견을 듣게 될 수도 있다. 이러한 조언들을 바탕으로 자신의 관점에서 스스로 납득할 수 있는 결정을 해야 한다. 이는 자신을 성장시키는 중요한 과정이 될 것이다.

　넷째, 정기적인 만남이 가능하다면 더욱 좋다. 다음 번에도 만날 수 있는지 먼저 확인하자. 이때 무언가 보상을 해드려야 하는 것은 아닌가 하는 고민이 들 수 있다. 그러면 '선배님의 이야기가 정말 큰 도움이 되는데 어떻게 하면 관계를 지속할 수 있겠는지' 솔직하게 물어보는 것도 방법이다.

 2015년 4월 하버드비즈니스스쿨HBS에 수잰 드 자나즈Suzanne de Janasz와 모리 페이펄Maury Peiperl 교수의 〈CEO멘토링〉 연구 기사가 실렸다.[45] 대기업에서는 '노련한 선배'로부터 제대로 일을 배우는 멘토링 제도가 소기의 성과를 거두고 있다. 하지만 CEO가 되고 나면 더 이상 사내에서 조언을 구할 사람도 마음을 터놓고 이야기할 사람도 없고, 한 번도 씨름해 본 적이 없는 문제들을 일상적으로 결정해야 하는 상황이 생긴다. 이렇다 보니 CEO에게도 멘토링이 필요하다. 실제 연구에서도 CEO의 84%가 멘토 덕분에 큰 대가를 치를 수 있었던 실수를 피했고, 71%가 멘토링 후 성과가 개선되었음을 확신했다고 한다.

이 연구를 바탕으로 좋은 멘토의 역량을 들자면 첫째는 당연하겠지만 멘토의 성공 경험이다. 둘째는 코칭 스킬까지 있으면 금상첨화다. 멘토의 경험 공유가 필요하지만 늘 자신의 이야기만 늘어놓으면 안 될 것이다. 멘티의 이야기를 많이 들어주고 때때로 멘티 스스로 자기 문제에 대한 솔루션을 찾을 수 있도록 좋은 질문을 해야 할 필요가 있다. 셋째는 경영 이론을 가지고 있어야 한다. 자신의 경험은 한정적이다. 경험에 이론을 겸비해야 객관적이고 폭넓은 통찰력을 제공할 수 있다.

CHAPTER 4

제품개발보다
고객개발부터

고객개발

고객의 구매의사를
먼저 확인하라

"국내에는 다섯 군데 대기업이 핵심고객입니다. 금형설계까지 완성했고
요. 지금 투자유치 중입니다."

"그 다섯 곳이 구매를 결정했나요?"

"개발이 완료되면 찾아가려고요. 두 군데는 직접 만났는데 완성되면 가
져와 보라고 하더군요."

"만약 그쪽에서 구매하지 않으면 어떻게 되죠?"

"구매할 겁니다. 안 되면 해외로 나가야죠."

대부분, 아니 모든 창업자는 자신의 제품이 고객에게 꼭 필요할 것이라
고 확신한다. 당연히 그런 확신이 없었다면 창업하지 않았을 것이다. 그래
서 부지런히 제품을 만든다. 하지만 현실적으로 보면 창업 수년 내에 절반
이상의 스타트업이 문을 닫는다. 부인할 수 없는 통계다. 물론 자신은 여기

에 해당되지 않을 것으로 생각한다. 그 확신의 근거는 아마도 자신감, 긍정적 사고, 창업경진대회 수상, 제품이 나오면 가져와 보라고 했던 잠재고객들일 것이다.

앞에서 소개한 스타트업은 주요 고객이 다섯 군데 대기업이라고 했다. 그런데 제품을 만든 후 이들이 구입하지 않으면 끝이다. 창업자 말대로 해외로 나가야 하는 것이다.

대부분의 스타트업들은 이처럼 시장조사를 표면적으로 진행하거나 자기편향적으로 해석하는 경우가 많다. 가령 '나오면 살펴보겠다'고 고객이 응답하면 '오, 멋진데요. 가져오면 살게요'로 받아들인다. 그런데 실제로 이런 대답은 예의상 하는 빈말일 가능성이 높다. 제품이 출시되면 한 번 보기는 하겠다는 것이다. 굳이 안 볼 이유는 없으니 말이다. 또 부정적으로 말해 인심을 잃고 싶지도 않을 테니 말이다.

우리가 아는 일반적인 창업 프로세스는 '사업 아이디어 → 시장조사 → 제품개발 → 마케팅'의 순이다. 하지만 가만히 생각해 보자. 마케팅을 뒤에 해야 할 이유가 있을까? 만약 제품 출시 후 마케팅을 시작했는데 고객이 원하지 않는 제품이었다면 마케팅 효과가 나타나지 않을 것이다. 따라서 사업 아이디어 단계부터 고객 확보를 먼저 시작해야 한다. 개발하려는 제품이 고객 니즈에 부합하는지, 제품화됐을 때 구매의사가 있는지를 만들기 전부터 확인하는 것이다.

제품이 없어도 대상고객을 미리 만날 수 있다. 그리고 이때 해결하고자 하는 고객 불편에 대해 이야기를 나눌 수 있다. 이 과정에서 해당 제품이 필요하다고 느끼는 고객은 '언제 출시되는지' '출시되면 꼭 구입할 테니 알려

달라'고 적극적으로 나설 것이다. 이런 고객들을 미리 예비고객 리스트에 올리는 것이다. 또 10명을 만나 물어봤을 때 적극 호응고객이 얼마나 되는 지도 사업성 확인의 중요한 부분이 될 것이다. 다섯 군데 대기업이 핵심고 객이라면 이들의 구매의사를 확실하게 확인한 후 제품개발에 나서는 것이 필요하다.

이러한 활동을 '고객개발(customer development)'이라고 한다.[27] 즉, 고객 개발은 고객을 만들어 가는 활동이고 스타트업은 제품개발보다 고객개발 을 먼저 해야 한다. 그래야 고객이 원하는 제품을 만들 수 있고 나오자마자 판매할 수 있다.

One more 핵심고객이 국내 다섯 군데밖에 없는데 판매에 대한 구체적인 확 인없이 제품을 만드는 스타트업의 사례를 듣고 지어낸 이야기가 아니냐 는 질문이 있었다. 하지만 실화다. 이 책에 실린 도입부 사례들은 거의 대 부분 스타트업 대표들을 만나는 과정에서 보고 들은 이야기들이다. 다만 사업 아이디어 관련 사례는 맥락을 살릴 수 있는 수준에서 유사한 아이디 어로 대체한 경우가 많다.

정말 고객이 구매할지
어떻게 알까?

"제 아이디어에 대해 고객 검증을 해보라고 해서 그렇게 해봤습니다. 제가 생각하고 있는 제품을 고객들에게 물어보면 전반적으로 '좋다' '그런 것이 있으면 좋겠다'고 대답합니다. 그런데 뭐랄까, 그냥 좋게좋게 말해주는 것 같은 느낌을 받았습니다. 정말로 고객에게 필요한지 확인하는 확실한 방법이 있을까요?"

초기 스타트업에게 제시되는 과제 중 하나가 바로 고객 검증이다. 그래서 창업자들은 자신이 가진 제품 아이디어를 가지고 고객들에게 묻기 시작한다. 좋은 일이다. 고객의 문제를 제대로 해결해 내는 제품이라면 고객 반응을 충분히 감지할 수 있다. 고객의 표정, 말투, 기대감 같은 것을 보면 알수 있다. "와, 정말 필요했던 것인데…. 이런 제품이 언제 나와요? 나오면 바로 알려주세요. 그리고 이거 내가 소개해 주고 싶은 사람들이 있어요." 이런 식이다. 이런 경우 확실히 좋은 솔루션으로 인정받는 것 같다. 하지만 현실은 대부분 창업자를 배려하는 대답들이다. "괜찮긴 한데요…." "만들면 한 번 보여주세요." "저한테는 필요하지 않지만 다른 사람에게 소개할게요." 같은 식이다. 사실 이런 경우는 대부분 완곡한 거절의 표현이다. 하지만 창업자는 이것을 거절로 받아들이기 쉽지 않다. 이런 반응을 받더라도 속으로는 여러 가지 생각을 한다. '아직 완벽한 제품을 보지 못해서 저런 반응일 거야.' '아직 사용해 보지 않아서 잘 모르는 거야.' 이런 식으로 자기합리화를 하게 된다.

고객들에게 완곡한 거절의 표현을 들었을 때 어떻게 해야 할까?

첫째, 문제 검증, 솔루션 검증, 제품(서비스) 검증 순서를 따라본다. 문제 검증이란 창업자가 풀고자 하는 고객문제를 정말 고객이 가지고 있는지 확인하는 것이고, 솔루션 검증은 정말 그 문제를 해결할 수 있는 솔루션을 제시하고 있는지, 제품(서비스) 검증은 제품을 만들어 고객에게 보여주며 제대로 된 것인지 확인하는 것이다. 린스타트업의 기본적인 검증 프로세스다.

둘째, 앞에서 소개한 검증 단계는 권장하는 프로세스다. 사업 아이디어와 보유 역량에 따라 반드시 이대로 따라야 하는 것은 아니다. 또 각 단계를 한 번씩만 진행해야 하는 것도 아니다. 중요한 것은 각 단계에서 알고자 하는 것을 확인하는 방법을 찾는 것이다. 여기서 잠깐 렌트디런웨이의 사례를 생각해 보자. 그들은 고객 불편이 있는지에 대한 문제 검증은 최소화하고 곧바로 드레스를 구입해서 솔루션 검증에 들어갔다. 고객들이 돈을 내고 드레스를 빌려갈 것인지, 빌려간 드레스를 제대로 반납할 것인지 알아보기 위해 재학 중인 대학교 안에 팝업스토어를 열어 확인한 것이다. 그리고 나서 온라인으로 드레스를 입어보지 않고도 빌려갈지 테스트를 했다. 솔루션 검증을 여러 차례 진행한 것이다. 렌트더런웨이 창업자들이 솔루션 검증에서 실패했다면 백화점에서 구입한 드레스 100벌을 손실로 떠안아야 했고 자신들이 주말마다 입어야 하는 리스크가 있었다. 만약 이러한 리스크마저 줄이려면 대상고객들이 주말 파티에 참석한 후 인스타그램 같은 SNS에 사진을 얼마나 자주 올리는지, 매번 몇 벌밖에 없는 드레스로 SNS에 올리느라 고민하고 있는지, 만약 그렇다면 현재 어떻게 하고 있는지 등을 확인하는 과정을 거친 후 어느 정도 확신이 생겼을 때 드레스를 구입했을 것이다. 즉, 검증하고자 하는 목적에 적합한 가설과 실험 방법을 찾아야 한다.

셋째, 각 단계를 검증하기 위한 MVP(최소기능제품)를 무엇으로 할지 잘 결정해야 한다. 이 MVP는 말로 하는 것부터 글, 그림, 브로슈어, 모든 기능이 되는 것처럼 만든 영상, 기존 제품에 제안하는 기능을 추가하는 것, 3D 프린터로 만드는 것, 최소기능만 웹으로 만든 것, 크라우드펀딩을 통해 미리 팔아보는 것 등 낮은 수준의 MVP부터 높은 수준의 MVP까지 다양하다. 창업자가 검증하고자 하는 것을 알 수 있는 수준으로 MVP를 만드는 것이다.

| MVP의 예 |

MVP 수준	가능한 MVP
낮은 수준의 MVP	말로 하는 설명, 동영상으로 만든 제품 설명서, 손으로 그린 제품 디자인, 스토리보드, 고객 시나리오, 제품 기능 안내서, 페이퍼 프로토타입, 3D 랜더링 이미지
높은 수준의 MVP	운영가능한 수준의 웹사이트, 목업(Mockup) 제품, 3D 프린팅 제품

넷째, 이러한 과정을 통해 창업자는 고객의 표정, 행동, 반응에서 필요를 읽어내야 한다. 확실히 고객이 불편함을 가지고 있는지, 현재 그 불편함을 해결할 제대로 된 방법이 없는지, 내가 제시하는 것이 확실한 솔루션이 될 수 있는지 말이다. 높은 수준의 MVP로 갈수록 계속해서 진행할 것인지, 더 개선할 것인지, 고객 설정부터 다시 할 것인지 판단할 수 있을 것이다.

이렇게 고객 검증을 하나씩 해나가면서 수정·보완해 간다면 고객의 니즈를 판단할 수 있을 것이다.

대상고객을
미리 모아라

"저는 아토피 환우들을 위한 조리음식 배달서비스를 준비하고 있습니다."

"흥미롭네요. 틈새시장일 것 같은데요. 마케팅은 어떻게 하실 건가요?"

우리가 알고 있는 일반적인 창업 프로세스대로라면 제품개발이 완료된 다음부터 본격적인 고객 확보에 나설 것이다. 하지만 가만히 생각해 보자. 여기에는 두 가지 리스크가 있다.

첫째, 개발하는 제품이 정말 고객이 원하는 품질·구성·가격인지 정확하지 않을 가능성이다.

둘째, 고객 확보가 생각보다 더딜 때 나타나는 현금흐름의 위험 가능성이다. 회사 운영비는 시간이 갈수록 계속 지출되는데 이에 따라 매출이 붙어주지 않는 경우다.

어떻게 하면 이런 리스크를 줄일 수 있을까?

"저희는 제품개발 전에 아토피 환우들을 위한 인터넷 카페를 운영했습니다. 지난 1년 동안 5,000명 이상의 회원을 확보했고 활성화되어 있죠. 카페뿐 아니라 다른 플랫폼에도 여러 커뮤니티를 운영하고 있습니다. 이미 이용자 니즈를 통해 제품 구성과 가격 등을 확정했고 테스트도 진행했습니다. 제품이 부족해서 못 팔 정도였다니까요. 지금도 언제 정식서비스를 시작하는지 문의가 옵니다."

고객개발 활동의 전형이다. 고객개발은 고객을 만들어 나가는 활동을 의미한다. 몇 가지 방법을 살펴보자.

첫째, 인터넷에 관련 커뮤니티를 만드는 것이다. 네이버 카페, 다음 카페, 페이스북, 카카오스토리 같은 곳들 말이다. 창업자가 해결하고자 하는 영역의 불편함을 가진 사람들을 중심으로 커뮤니티를 만드는 것이다. 그러기 위해서는 이들을 모을 수 있는 무언가를 적극적으로 제공해야 하는데, 앞의 스타트업은 아토피 완치 사례, 운동요법, 식이요법, 진료 사례 등을 부지런히 제공했다.

둘째, 크라우드 펀딩이다. 국내에는 와디즈(www.wadiz.kr), 텀블벅(www.tumblbug.com), 다음스토리펀딩(storyfunding.daum.net) 같은 곳들이 있다. 여기에 제품 소개를 올린 뒤 선주문을 받는 방식이다. 이 과정을 통해 제품 개발이 완료되기 전 고객들의 반응·니즈·성향 등을 살펴볼 수 있다.

와디즈, 텀블벅 홈페이지

셋째, 랜딩 landing 페이지를 만든다. 랜딩 페이지는 고객이 처음 접속하는 회사의 웹페이지를 말한다. 제품이 출시되지 않았어도 웹페이지에서는 완성된 제품의 특징을 보여줄 수 있다. 즉, 제품의 개발기간이 6개월이라면 이 기간 동안 개발에만 매달리지 말고 관심 있는 사람들에게 랜딩 페이지를 알려주는 것이다. 인터넷 키워드 광고를 걸어 관심 있는 사람들이 들어오게 할 수도 있다. 이렇게 들어온 이용자들에게 제품 출시 때 알림 메일을 보내거나 할인권·최우선사용권 등을 보내주는 조건으로 이메일 주소나 전화번호를 받을 수 있다. 또 랜딩 페이지 노출에 따른 고객들의 반응을 제품에 반영할 수 있고 제품 출시 때 당장 접근할 수 있는 고객군을 만들 수도 있다. 랜딩 페이지의 반응이 좋다면 성공 가능성도 높아질 것이다.

인터넷은 스타트업이 고객개발을 진행하기에 아주 훌륭한 채널이다. 제품개발보다 고객개발을 먼저 진행해야 하는 이유와 효용성을 충분히 인지했기를 바란다.

One more 소셜미디어 Social Media의 등장은 개인이나 스타트업이 고객개발을 하는데 큰 도움을 준다. 2015년 출간되자 마자 큰 히트를 친 『지적 대화를 위한 넓고 얕은 지식』은 지금도 베스트셀러 대열에 포함되어 있다. 오랫동안 판매가 되고 있는 이유는 책 내용이 좋기 때문에 그럴 것이다. 하지만 이 책이 처음 나왔을 때 베스트셀러에 올라갈 수 있을 것이라고 생각할 수 있었을까? 제목도 이상(?)하고 저자 역시 '채사장'이라는 필명의 신인이었다. 일반적이라면 그저 신간 한 권이 나온 것으로 끝났을 것이다.

하지만 채사장은 2014년 4월 인문·과학·철학 등을 주제로 팟캐스트를 운영하며 에피소드 하나당 수만 명이 다운로드 받아 청취하는 팟캐스트 〈지대넓얕〉을 운영하고 있었다. 이 상황에서 책이 나왔으니 팬들이 안 읽어볼 수 없었을 것이다. 책이 베스트셀러가 되며 유명해지자 팟캐스트 방송을 몰랐던 독자들도 읽어보기 시작했고 팟캐스트 청취자가 되어 선순환을 이루게 되었다. 2016년 상반기에는 팟캐스트에 올린 에피소드별 평균 다운로드가 100만 회를 넘었다.

요즘은 페이스북, 인스타그램, 유튜브가 고객개발의 첨병이 되고 있다. 수만에서 수백만의 고정 독자 혹은 시청자를 보유한 개인과 스타트업들이 고객을 확보해 놓았다. 소셜미디어 매체가 제공하는 통계자료를 보면 고객들이 무엇을 좋아하는지, 어디에 반응하는지 알 수 있다. 이 상황에서 제품을 내놓는다면 성공 가능성이 훨씬 높아지는 것이다. 따라서 스타트업이라면 고객개발을 위해 소셜미디어에 관심을 가져야 한다.

열광하는 고객
100명을 찾아라

김수민 대표는 개인의 목표관리와 노하우를 공유할 수 있는 웹서비스를 내놓았다. 생각했던 모든 기능이 구현된 것은 아니지만 핵심기능들은 모두 갖췄다고 판단했다.

"그런데 초기고객을 어떻게 모아야 할까요?"

창업 초기 대표들이 많이 하는 고민이다.

"대상고객이 누구인가요?"

"인터넷 이용자 모두입니다. 사람들은 누구나 목표를 가지고 있고 그것을 관리할 필요를 느끼기 때문입니다"

"그렇다면 아무나 들어와도 만족하며 사용할 수 있나요?"

"네. 그렇습니다."

"10대 여고생, 50대 대기업 부장님, 70대 장년층 모두 이용이 편하게 되어 있나요?"

"그건…. 아무래도 젊은층이 사용하기 편하게 구성되어 있는데요…."

"자격시험 통과를 목표로 하는 사람, 다이어트를 목표로 하는 사람, 재테크를 목표로 하는 사람 모두에게 적합하게 구성되어 있나요?"

"지금은 자격시험 준비에 좀 더 적합하게 되어 있기는 합니다."

"수가 적더라도 우리 서비스를 가장 좋아할 만한 사람들은 누구일까요?"

그렇다. 인터넷 이용자 모두가 고객이 될 수 있다는 것과 이들 모두를 만족시키는 것은 다른 일이다. 서비스 가치가 충분히 검증되지 않은 초기 기업일수록 고객을 명확히 해야 한다. 스타트업의 최초 대상고객을 '최우선 거점고객'이라고 불러보자.

최우선 거점고객은 해당 서비스를 꼭 필요로 하는 사람, 이 서비스가 없으면 무척 아쉬워할 사람들이다. 조금 더 덧붙이면 창업자가 접근하기 쉬운 사람, 입소문을 내줄 수 있는 사람들이다. 이러한 고객들을 대상으로 해야 고객이 좋아하는 서비스가 될 수 있다. 이들을 만족시켜야 고객 확장이 될 수 있는 것이다. 이들조차 만족시키지 못한다면 사업이 지속가능할지 생각해 봐야 한다.

우선 최우선 거점고객을 찾아야 한다. 요즘은 네이버 카페, 다음 카페, 페이스북 그룹 등에 가면 생각하는 거의 모든 주제의 커뮤니티가 존재한다. 김 대표의 최우선 거점고객은 자격증 커뮤니티가 될 수 있을 것이다.

최우선 거점고객이 될 만한 사람들을 불러 모을 수도 있다. 검색 사이트에 키워드 광고를 내는 것이다. 이렇게 찾아오는 사람들은 그 주제에 관심이 있다는 것이다.

이렇게 모은 최우선 거점고객이 단 100명뿐이라 하더라도 그들이 우리 제품(서비스)의 팬이 된다면 1,000명, 1만명으로 늘려나가는 것은 시간문제다. 열광하는 첫 100명의 고객을 확보하는 것에서부터 시작해 보자.

One more 사업계획서를 작성할 때 초반부에 '시장분석'이나 '시장조사' 결과를 제시하는 경우를 자주 보게 된다. 일반적인 사업계획서 양식에서 제시하는 목차이기 때문이다. 이때 시장분석을 하려면 시장이 어디인지 알아야 한다. 그런데 현실적으로 보면 어디서부터 어디까지가 우리의 시장인지 명확하지 않은 경우가 많다.

'목표관리와 노하우 공유 앱'으로 사업을 시작하려면 어떤 시장을 분석해야 할까? 소프트웨어 시장? 앱 시장? 유틸리티 앱 시장? 일정관리 앱 시장? 다이어리 시장? 기존에 없던 제품이라면 시장이 없다고 이야기할 수밖에 없을 것이다. 이처럼 어느 시장을 분석해야 하는지 쉽지 않다.

실질적으로 생각해 보면 시장분석을 먼저 하는 게 아니라, 고객분석을 먼저 해야 한다. 자신의 제품을 필요로 하는 목표고객이 누구인지 구체화해 보면 시장을 가늠해 볼 수 있다. '목표관리와 노하우 공유 앱'을 통해 어떤 사람들의 불편을 해결해 줄 것인지에 따라 목표시장이 나올 것이다. 일정관리 앱을 사용하는 20대 여성 직장인의 목표관리 작성 및 노하우 부족 문제를 해결하기 위한 것인지, 각종 자격시험을 준비 중인 수험생의 체계적인 목표관리를 돕기 위한 것인지, 젊은 여성들의 다이어트 목표 달성을 해결해 주는 것인지에 따라 고객 현황을 조사하고 분석하는 것이 스타트업 시장분석의 핵심일 것이다.

고객이 명확하면
사업도 명확해진다

우리나라에도 대학가를 중심으로 셰어하우스share house가 활성화되고 있다. 여러 명이 한 집에 살며 거실·화장실·욕실 등은 공유하고, 개인적인 공간인 침실은 따로 사용하는 주거형태다. 셰어하우스 사업을 시작하려는 스타트업 대표를 통해 목표고객 설정방법을 알아보자.

"누구를 대상으로 하는 셰어하우스인가요?"
"저희가 생각하고 있는 고객은 셰어하우스에 거주하고 싶어하는 20대 청년입니다."

목표고객이 명확하다. 이보다 더 확실한 목표고객이 있을 수 있을까? 하지만 조금만 더 생각해 보면 하나마나한 대답이라는 것을 알 수 있다. 대상고객이 누구냐고 물어봤는데, 셰어하우스에 거주하고 싶어하는 사람이라니? 실마리가 하나 있긴 하다. 20대 청년이다. 그런데 20대 청년은 누구나 셰어하우스에 살고 싶어할까? 아닐 것이다. 고객이 명확치 않다. 이런 상태에서는 고객을 만족시킬 수 있는 위치·가격·구성이 나오기 어렵다. 마케팅도 어려워진다. 20대 청년 모두를 대상으로 마케팅하는 것은 비효율적이다. 목표고객을 선정하는 몇 가지 방법을 알아보자.

첫째, 인구통계학적 특성으로 구분해 본다. 목표고객을 선정하는 가장 대표적인 방법이다. 20대 여성을 목표고객으로 하면 어떨까? 장기적으로는 그렇게 하더라도 처음부터 20대 여성을 목표로 하는 것은 너무 넓어 보인다. 이들 모두를 만족시키는 것도 어려울 것이다. 직업, 거주지, 결혼 유무, 소득수준 등으로 쪼개 좀 더 세분화해 최적의 고객군을 선정할 필요가 있다.

둘째, 어떤 식으로든 군집화시켜야 한다. 고객이 가진 취향이나 특성에 따라 구분해 보자. 가령 '운동을 좋아하고 건강한 음식을 챙겨 먹는 사람' 같은 경우다. 하지만 이것은 고객 특성이지 대상고객이 아니다. 이런 사람들이 가장 많이 분포하고 있는 고객군을 찾아야 한다. 인구통계학적으로 찾을 수 있고, 이런 사람들이 주로 활동하는 인터넷 카페, 스포츠센터 회원들을 고객군으로 할 수 있다. 이 중 쉽게 접근할 수 있는 고객군을 우선으로 해야 한다.

셋째, 시장에 처음 진입하는 스타트업은 초기 목표고객의 크기가 적어도 괜찮다. 목표고객군 대부분이 꼭 필요한 상품이라고 말할 수 있다면 그 숫자는 수십, 수백 명이 되어도 좋다. 이들을 완전히 만족시킬 수 있으면 좋다.

다시 셰어하우스 사업으로 돌아가 보자. 창업자는 본인이 고시원에 살아

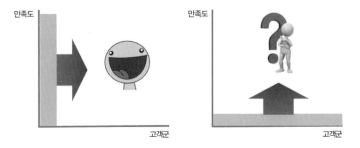

고객군이 적어도 만족도가 높으면 성장은 시간 문제다

본 경험이 있었다. 또 신촌에 있는 대학을 다녔고, 그 지역 지리도 잘 알고 있다. 그렇다면 이 사업의 우선고객은 서울-신촌-대학생-고시원(옥탑방, 반지하 포함) 거주자를 대상으로 해봄직하다. 이들을 만족시킬 셰어하우스를 만들면 된다. 그리고 신촌지역 고시원 거주자들이 자주 보는 매체, 자주 다니는 장소에서 홍보하면 된다. 고시원에서 나오자마자 볼 수 있도록 셰어하우스를 홍보하는 플래카드를 걸어 놓으면 어떨까? 목표고객이 명확하면 제품도, 마케팅 방법도 명확해진다. 여기서 성공하면 확장도 수월해진다.

One more 빨간색 가죽지갑을 제품으로 사업을 시작한 대표에게 "고객이 누구인가요?"라고 물었다. 대표는 "빨간색 가죽지갑을 좋아하는 사람들"이라고 답했다. 그래서 "대표님 사업은 정말 잘 될 수밖에 없겠나"고 말해 주었다. 왜 그럴까? 빨간색 가죽지갑을 좋아하는 고객에게 빨간색 가죽지갑을 판매한다면 그들은 모두 그 지갑을 구매할 것이 아니겠는가? 하지만 어딘가 좀 이상하지 않은가? 그렇다. 이상하다. 우리가 알고 싶은 것은 '빨간색 가죽지갑을 좋아하는 사람들'이 누구인지이기 때문이다. 가령 '서울에 사는 10대 여고생'들처럼 뭔가 접근가능하고 군집화되어야 한다. 왜 그들을 고객으로 잡았느냐고 물었을 때 그들 중에 빨간색 가죽지갑을 선호하는 사람들이 많기 때문이라고 답할 수 있어야 한다. 나는 이것을 '빨간색 가죽지갑 패러독스'라고 부른다.

이 이야기를 들으면서 진짜로 고객군을 이렇게 설정하는 사람이 있을까 싶은 생각이 들 것이다. 하지만 내 경험상 10명의 스타트업 창업자 중 2~3명은 이렇게 설정한다. 여행정보 서비스를 만들면서 '기존 여행 사이트에 실망한 고객들', 업사이클링으로 가방을 만들면서 '환경보호를 생각하는 고객들' 같은 식이다. 우리가 알고 싶은 것은 그래서 그들이 누구인가 하는 것이다.

참고로 빨간색 가죽지갑을 좋아하는 사람들의 모임을 알고 있다면, 이들은 고객군으로 잡을 수 있다. 군집화되어 있고 접근가능하기 때문이다.

고객에게 원하는 것을
묻지 말라

사업 아이디어는 창업의 출발점이다. 그 아이디어는 자신이 하고 싶거나 할 수 있는 것에서 시작됐을 것이다. 아울러 좋은 사업 아이디어가 되려면 목표고객에게 충분한 가치value를 제공해야 한다.

실패한 창업가의 42%가 고객이 원하지 않는 제품을 만들어서라는 조사 결과가 있다. 창업가의 절반 가량은 제대로 된 고객가치를 만들지 못했다 는 것이다. [28]

따라서 창업가의 사업 아이디어가 고객가치를 만들 수 있는지 제품개발 전부터 미리 확인하여 리스크를 줄일 필요가 있다. 그러기 위해 많은 고객 들과 직접 만나 이야기 나누기를 권장한다. 그런데 이 과정에서 자주 나오 는 질문이 있다.

"스티브 잡스가 그러던데요. 고객들은 자신이 무엇을 원하는지 모른다네 요. 그래서 고객에게 물어볼 필요가 없다던데요?"

"헨리 포드가 그러던데요. 사람들에게 무엇을 원하는지 물었다면 자동차가 아니라 더 빠른 말이라고 했을 거라던데요. 그런데도 고객에게 물어봐야 하나요?"

좋은 질문이다. 사람들은 자신이 무엇을 원하는지 잘 모른다. 당연하다. 고객들이 그것을 다 알고 있다면 이미 누군가가 사업을 하고 있을 것 아니겠는가? 우리가 고객으로부터 알고 싶은 것은 그들이 무엇을 원하는지가 아니다. 우리가 알고 싶은 것은 다음과 같은 것들이다.

첫째, 창업가가 해결하고자 하는 고객 불편을 정말로 그들이 가지고 있느냐 하는 것이다. 고객들은 창업가가 생각하는 고객 불편을 큰 불편이라고 생각하지 않을 수 있다. 또는 전혀 다른 불편을 토로할 수도 있다.

둘째, 고객이 불편을 가지고 있다면 그것을 어떻게 해결하고 있는지 물어보는 것이다. 고객이 말하는 문제의 대안은 창업가의 경쟁제품이 된다. 창업가의 솔루션은 그러한 대안들보다 가격이 낮거나 기능이 좋거나 해야 할 것이다.

셋째, 창업가가 생각하는 솔루션이 정말 고객의 문제를 해결해 주는지, 기존 대안보다 나은지 확인하는 것이다. 솔루션을 제시할 때는 말로 설명하는 것부터 3D프린터로 출력해 제품의 핵심특징을 보여줄 수도 있다. 그것이 무엇인지 알 수 있는 최소기능제품(MVP)이면 된다. 소셜커머스의 원조 그루폰은 임시 웹사이트를 만들고 반값 쿠폰을 팔았다. 주문이 들어오면 포토샵으로 만든 쿠폰을 이메일로 보내주며 고객들이 원하는 것인지 확인했다. 고객을 직접 만나 이야기해 보면 우리의 솔루션이 정말 필요한지 직관적으로 알 수 있게 된다. 제품개발 전에 제품에 관심을 가진 고객을 미리 확보하는 것은 덤이다.

넷째, 고객에게 묻지 않을 이유가 없다. 창업자가 찾은 솔루션을 예비고객들에게 물어보는 데 엄청난 시간과 비용이 들어가는 것은 아니다. 어차피 제품을 만들고 나면 지치도록 고객들을 만나야 한다. 이 과정에서 고객들의 호응이 높다면 창업자는 보다 자신감을 가지고 사업을 진행할 수 있을 것이다.

고객이 자신은 무엇을 원하는지 모른다는 말의 진정한 의미는 잡스가 폴라로이드 창업자인 에드윈 랜드 Edwin Land를 만나 나눴던 이야기에서 찾을 수 있다.

"개인용 계산기만 사용해 본 사람들에게 매킨토시가 어떤 모습이어야 하느냐고 물어봤자 아무런 대답도 얻을 수 없을 겁니다. 그래서 시장조사를 할 방법이 없었지요. 일단 만들어 놓고 그 다음에 사람들에게 보여주면서 '자, 어떻습니까?' 하고 묻는 수밖에 없었습니다."

결국 잡스도 물어봤다고 고백한 것이다. 우리가 고객에게 물어야 할 것은 원하는 게 무엇인지가 아니다. 그건 창업가가 찾아야 한다. 고객이 가진 문제와 문제의 대안을 확인하고 창업가의 솔루션이 고객에게 충분한 가치를 제공하는지 알아보는 것이 목적이다.

One more 지속가능한 사업이 되려면 고객이 지불하는 가격 이상의 가치를 제공해야 한다. 여기서 가치는 고객의 불편을 해결해 주는 기능적 가치, 고객에게 즐거움을 주는 쾌락적(혹은 경험적) 가치, 제품을 통해 자기 자신

을 표현할 수 있는 사회적(혹은 상징적) 가치, 제품을 통해 윤리적 행동을 할

수 있게 하는 이타적 가치 등으로 구분할 수 있다. [29]

| 고객가치의 구분 |

쾌락적(경험적) 가치	호기심 유발, 참신함, 지식에 대한 욕구, 재미, 의외성
기능적 가치	기능, 편의, 향상
이타적 가치	내적 만족감, 성취감, 신성한 소비
사회적(상징적) 가치	희소성, 부러움, 과시욕

기능적 가치는 주로 사람들의 불편을 해결해 주는 솔루션으로서의 역할

을 한다. 시중에는 여러 종류의 가방이 있는데 그 중 여행도구들을 쉽게 수

납할 수 있는 가방, 도난 방지에 특화된 가방 같은 것들이 주로 기능적 가

치에 해당될 것이다. 기술 기반 스타트업의 대부분은 기능적 가치를 중심

으로 가치 제안을 하고 있다.

쾌락적(또는 경험적) 가치는 재미, 의외성, 지식에 대한 욕구, 호기심 유발

같은 가치를 제공한다. 가방에 스케이드 보드를 달아 타고 다닐 수 있게 만

든다면 재미있을 것 같다. 이런 가치를 제공하는 게 쾌락적(경험적) 가치라

고 할 수 있다.

사회적(상징적) 가치는 희소성, 부러움, 과시욕을 제공한다. 보기에는 특

별한 게 없어 보이는데 수천만원에 달하는 명품 가방이 있다. 고객은 왜 이

런 가방을 구입하는 것일까? 표면적으로는 질기고 튼튼하다고 이야기할

지 모르지만 이런 고가의 가방을 들고 다님으로서 자신의 품위 또는 품격을 보일 수 있다고 생각하는 경우다. 게스GUESS는 사업 초기 청바지를 만들 때 허리 둘레 사이즈를 24인치 이하만 만들었다. 그 결과 게스 청바지는 날씬함의 상징이 되었고 다른 사람들로부터 부러움을 살 수 있는 바지가 되었다(지금은 다양한 사이즈 제품을 판매하고 있다).

이타적 가치는 내적 만족감, 신성한 소비 같은 것을 제공한다. 장애아가 그린 그림을 패턴화한 가방, 소방관의 노고가 담긴 소방 호스로 만든 가방 같은 것들이 여기에 해당된다.

기술력보다 중요한 것은
고객이다

기술 기반의 스타트업들은 대부분 고객의 불만족·불편을 해결하는 솔루션을 제시해 사업기회를 얻는 경우가 많다. 이 솔루션을 만드는데 기술이 활용되고 이를 바탕으로 제품이 만들어져 사업이 되는 것이다.

그런데 현실을 보면 고객 불편에서 출발해 제품화하는 경우보다 보유 기술을 활용해 고객 찾기 과정을 거치는 경우가 더 많다. 이 과정을 통해 고객 불편을 제대로 찾아내어 기술을 제품화하면 사업에 성공하고, 고객 불편을 찾지 못한 채 제품화하면 실패하게 된다. 결국 기술력이 높고 낮음이 문제가 아니라 고객에게 적합한지가 핵심이다. 기술이 좋아도 사업에 실패하는 가장 큰 이유이기도 하다.

최근 중동지역에 100억원 규모의 플라즈마 멸균기를 수출하게 된 P스타트업이 있다. 사업의 시작은 플라즈마 살균 기술이었다. 기술이 뛰어나기 때문에 쉽게 사업화할 수 있을 것이라 생각했고, 첫 제품으로 식품 살균기를 만들었다. 당연히 날개 돋친 듯 팔릴 것이라 생각했지만 막상 식품업계 종사자들을 만나보니 그들은 기존 방식에 별다른 불편을 느끼지 못하고 있었다. 오히려 플라즈마 살균 특유의 냄새가 새로운 불편을 만들었다. 기술 스타트업의 전형적인 시행착오 경로였다. 하지만 운이 좋게도 누군가 치과에서도 멸균기를 사용한다는 이야기를 해줬다. 곧바로 몇몇 치과에 연락하고 찾아가 상황을 살펴봤다. 보는 것만으로 부족해 직접 병원 일을 도우며 설치된 멸균기를 사용해 봤다. 기존 멸균기는 고가임에도 불구하고 시간이 너무 오래 걸렸다. 그런데 P사의 보유 기술을 이용하면 멸균 속도는 기존보다 10배 이상이고, 가격은 10분의 1 수준으로 낮게 만들 수 있었다. 프로토타입을 제시했더니 치과 원장들이 투자부터 하겠다고 하며 엔젤투자자가 되었다.

식품 멸균과 기술적 원리는 동일했는데 시장 수요는 완전히 달랐던 것이다. 보유한 기술을 사업화하는 데 있어 첫 단추를 어떻게 끼워야 할지 알 수 있게 해준 좋은 사례다. [30]

플라즈맵 홈페이지와 멸균기

보통 기술을 가진 창업자들은 기술에 대한 자신감이 가득한 반면, 고객에 대해서는 '이 제품이 당연히 필요할 것'이라는 생각만으로 제품화에 나서는 경우를 자주 보게 된다. 하지만 고객의 상황을 정확히 모르면 최상의 제품을 만들지 못한다. 기존 제품을 사용하는 숨겨진 이유를 모를 수도 있고 하나의 문제는 해결했는데 다른 문제가 생기는 경우도 있다. P사가 식품 살균기를 만들었을 때처럼 말이다.

기술은 아직 제품이 아니라는 것을 명심해야 한다. 기술을 제품화하기 위해서는 첫째, 솔루션이 필요하다고 생각되는 고객군을 설정해 상황을 충분히 알아나가야 한다. 둘째, 고객이 가진 핵심문제를 찾아내야 한다. 그것이 없으면 첫 번째로 돌아가야 한다. 셋째, 문제해결에 최적화된 솔루션을 제시해야 한다. 어쩌면 처음 생각한 솔루션이 적합한 것이 아닐 수도 있다. 여기까지 확인한 다음 본격적인 제품화에 나서야 한다. 솔루션을 고객들에게 제시했을 때 '꼭 구매하겠다'고 하면 긍정적 신호다. P사처럼 '투자하고 싶다'는 반응은 최상이라 할 수 있다.

One more P사는 2005년 창업한 플라즈맵이라는 회사다. 2019년 대전창조경제혁신센터에서 발행한 〈스타트업의 꿈 성공창업 DCCEI의 길〉에는 플라즈맵 임유봉 대표와 진행한 대담 내용이 실려있는데 기술이 제품화되는 사례를 조금 더 발췌해 본다.

임유봉 : 의료분야로 방향전환한 뒤 규제요건 같은 게 있는지 모른 채 이제 제품만 개발하면 된다는 자신감으로 1년에 걸쳐 제품을 개발했어요. 개발이 완성되고 인증을 받으려고 했더니 완벽히 새로운 의료기기는 바로 등

록할 수 없다는 것을 그때서야 알았어요. 식약처는 FDA 승인을 받아오라고 하고, FDA 승인을 받으려면 5년 정도 걸린다고 하더라고요. 그때 어쩔 수 없이 플라즈마로 멸균하는 게 아니라, 기존 방식인 과산화수소로 멸균하는 것으로 바꼈어요.

플라즈맵 임유봉 대표와의 대담

조성주 : 콘셉트를 바꾼 건가요?

임유봉 : 파우치를 밀봉하여 플라즈마로 멸균하는 기술이었어요. 결국 플라즈마 멸균기술을 버리고 완벽하게 밀봉된 상태로 멸균한다는 특징 한개만 남겼어요.

조성주 : 플라즈마가 없어도 독보적인 기술인가요?

임유봉 : 과산화수소로 다양한 실험을 했는데, 운 좋게 플라즈마를 사용했을 때처럼 좋은 결과를 얻었습니다. 성능도 좋고 가격은 더욱 저렴해졌어요. 다만 회사 내에서는 우리의 핵심기술을 버려야 한다는 사실에 마찰이 심했는데요. 하고 싶으면 나중에 다시 돌아오자고 직원들을 설득했죠.

조성주 : 멸균이라는 제품의 목표는 동일하게 달성하신 거잖아요. 그러면 시장이 원하는 결정을 하신 거네요. 하지만 쉬운 결정은 아니셨을 거예요. 왜냐하면 이게 우리가 해왔던 부분이고 우리의 가장 큰 강점이라고 생각했었으니까.

임유봉 : 플라즈마를 고집했으면 사실 양산도 쉽지 않았을 거예요. 과산화수소를 이용해 기기 특징은 더 간소해지고 의료기기 동등성 측면에서 식약처 승인을 바로 받을 수 있었습니다.

원츠형 제품도
니즈를 찾아야 한다

SNS에 섬유탈취제품 하나가 소개됐다. 정확히는 향기와 섬유탈취 효과가 합쳐진 제품이었다. 이 제품은 천연향균 99.9%, 탈취력 99.6%, 알레르기 유발물질 0%, 오래 지속되는 향기를 특징으로 한다. 하지만 시중에는 이름만 들어도 알 수 있는 대기업 제품이 팔리고 있고 비슷한 성능의 섬유탈취제품도 다수 존재했다. 이 회사는 어떻게 마케팅했을까?

'니즈needs'와 '원츠wants'라는 마케팅 용어가 있다. 니즈는 필수적 요소에 대한 결핍이라고 할 수 있다. 주로 불편함을 해소하는 기능 제품들이다. 원츠는 심리적인 선호도를 반영하는 경우다. 같은 기능을 제공하지만 인기 있는 캐릭터가 그려져 있거나 유명인이 이용하는 제품을 선택하는 사람이 있다. 원츠에 의한 선택이라 할 수 있겠다.

여러분이 섬유탈취제로 사업을 한다면 어떻게 하겠는가? 현재 섬유탈취제는 비슷한 성능의 니즈 제품들이 많이 나와 있다. 기능이 비슷하니 브랜드·디자인·스토리와 같은 추가적인 속성을 넣어 원츠형 제품으로 차별화를 고민하게 될 것이다. 하지만 브랜드 가치는 하루아침에 만들기 어렵고 디자인은 고객마다 취향이 다르고 스토리는 만들어도 알리기가 쉽지 않다. 특히 스타트업에게는 더더욱 쉬운 일이 아니다. 주로 큰 기업들이 진행하는 방식이다.

스타트업은 가급적 명확한 니즈 제품으로 시작하는 것이 좋다. 기술혁신을 통해 남들이 따라할 수 없는 니즈 제품을 만들면 좋겠지만 새로운 고객 니즈를 찾는 노력으로도 가능하다. 사례 제품으로 그런 방법을 생각해 보자.

첫째, 목표고객을 찾는다. 먼저 기존 제품의 사용고객에서 찾아보자. 기존 섬유탈취제를 사용하면서 불편·불만을 느끼는 고객들이 있는지 살피는 것이다. 또 기존 제품의 비사용고객도 찾을 필요가 있다. 섬유탈취제를 사용하지 않는 고객군을 생각해 보는 것이다. 이들에게 섬유탈취제의 필요성을 느끼게 할 수 있다면 새로운 시장을 만들 수 있다. 사례 제품의 경우 젊은 흡연 남성에 주목했다. 이들은 평소 섬유탈취제를 사용하지 않는 비고객군이었다.

노말 퍼퓸 제품의 광고 영상

둘째, 고객 불편이 무엇인지 알아내자. 불만족을 가진 고객들의 이유를 찾으면 개선 제품을 내놓을 수 있다. 비사용고객군이라면 왜 사용하지 않는지 또는 제품이 필요한 상황이 언제일지 생각해 보자. 젊은 흡연 남성은 담배 냄새로 인해 여자친구의 불평을 들어본 적이 있을 것이다. 향수를 뿌려봤지만 오히려 담배 냄새와 섞여 더 이상해진다. 무언가 해결책이 필요한 시점이다.

셋째, 해결책을 제시하고 메시지를 전달하라. 사례 제품은 담배 냄새를 없애주는 데 초점을 맞췄다. 거기다 이름을 OO퍼퓸이라 정해 향수를 연상시키기도 했다. SNS에는 젊은 여성들이 담배 냄새를 얼마나 싫어하는지, OO퍼퓸 향을 얼마나 좋아하는지 보여주는 동영상을 올렸다. 젊은 흡연가들이 환호했다. 갑자기 이 제품이 필요해졌다. 원츠 제품이 니즈 제품으로 바뀐 것이다.

이미 제품이 존재하고 있는 시장에 새로 진입할 때 생각해 볼 만한 전략이다.

| 노말 퍼퓸의 고객-문제-문제대안-솔루션 |

고객	담배 피는 젊은 미혼 남성(온라인)
문제	(상황) 흡연 후 여자친구를 만나면 (문제) 1) 담배 냄새에 대해 싫은 소리를 듣는다. 　　　 2) 여자친구가 담배 냄새를 싫어한다.
문제 대안	1) 껌을 씹는다. 2) 데이트 3시간 전부터 금연을 한다. 3) 데이트 전 반드시 양치를 한다.
솔루션	담배 냄새를 없앨 뿐만 아니라 호감가는 향을 낸다.

선한 의도도 중요하지만
고객에 충실해야 한다

"저는 아프리카 난민의 소득 향상을 위해 그들이 디자인한 소품을 판매하려고 합니다."

이처럼 사회적 과제 해결을 목적으로 하는 기업을 '사회적 기업(Social Enterprise)'이라고 부른다. 이들은 사회문제를 지속가능한 기업의 방식으로 해결하고자 하는 조직을 말한다. 주로 취약계층에 일자리를 제공하는 형태, 취약계층에 상품이나 서비스를 제공하는 형태, 지역사회를 활성화시키는 형태, 기타 다양한 사회문제를 해결하는 형태 등으로 구분할 수 있다.

사회문제를 해결하기 위해 사업을 시작하겠다는 것은 환영할 만한 일이다. 이런 의지를 가지고 있는 사회적 기업가들의 성공을 위해 몇 가지 당부하려 한다.

첫째, 사회적 기업도 기업이라는 생각이 필요하다. 따라서 기업의 생존방식을 익혀야 한다. 사회적 기업가들은 일반 기업이 이익만 추구하는 곳이라고 생각하는 경향이 있다. 하지만 이익을 추구한다고 이익이 생기는 것은 아니다. 고객이 지불하는 비용 이상의 가치 있는 제품을 제공한 결과 뒤따라온 것이 이익임을 알아야 한다. 이것이 기업의 생존방식이다.

둘째, 제품 중심적 사고가 아닌 고객 중심적 사고가 필요하다. 제품 중심적 사고는 기술 기반 스타트업에서 많이 언급되는데, 사회적 기업에서도 많이 나타난다. 사업 아이디어가 고객으로부터 시작한 경우가 아니라 소셜 미션에서 시작한 경우 더욱 그렇다. 고객 중심적 사고란 목표고객이 특정 상황에서 불편함을 느낀다는 것을 확인하고 이를 해결할 제품을 만드는 방식이다. 이러한 사고에서는 누가 고객인지 잘 알고 있기 때문에 제품 구성·디자인·색상·가격·유통망까지 고객 니즈에 맞춰 계획할 수 있다. 반면 아프리카 난민의 소득 향상을 위해 디자인 소품을 만드는 것은 제품 중심적 사고라고 할 수 있다. 이렇게 시작하면 이 제품을 필요로 하는 고객층이 존재하는지, 고객층에 걸맞게 제품화되고 있는지 더욱 적극적으로 확인해야 한다. 그러지 않으면 그저 제품을 시장에 내놓고 고객을 기다리기 십상이다. 이렇게 돼서는 안 된다. 성공을 운에 맡길 수는 없다.

셋째, 제품의 의도만 좋으면 팔릴 것이라는 생각은 하지 말아야 한다. 사회적 기업가 중에 이런 생각을 하는 사람이 많은데, 스스로 그런 구매성향을 가지고 있기 때문이다. 물론 제품의 선한 의도가 구매를 촉진하는 데 도움은 되겠지만 그것이 성공을 보장하지는 않는다. 만약 그랬다면 수많은 사회적 기업이 성공 가도를 달리고 있어야 한다.

우리가 사업을 하는 목적은 '사업을 하는 것' 자체가 아니라 사업을 통해 고객에게 가치를 제공하고 그 결과 더 나은 세상을 만들기 위한 것이다. 사회적 기업도 지속가능하려면 고객을 알고 고객이 원하는 것을 제공해야 한다. 그래야 사회적 목적도 달성할 수 있다. 고객에 대한 충분한 이해 없이 선한 의도만 가지고 사업을 시작한다면 사회문제를 해결하는 것이 아니라 또 하나의 사회문제를 만들지도 모른다.

CHAPTER 5

첫 고객을 만나다

제품 출시 직후 할 일

최초 고객군 관리에
집중하라

2년 전쯤, 셰프가 만든 요리를 가정으로 배달해 준다는 서비스를 접했다. 사진에 나온 요리를 보면 고급 레스토랑 수준이었는데, 가격은 상대적으로 저렴했다. 배달된 음식을 전자레인지에 데워 접시에 놓으니 꽤 근사한 식사가 됐다. 다만 배송 부분에서 몇 가지 불편사항이 있었다. 마침 이용후기를 기입할 수 있는 안내서가 함께 들어 있어 해당 내용을 적어 보냈다. 그러자 바로 그날 저녁 해당 스타트업 대표로부터 전화가 왔다. 고맙다는 말과 함께 이용 프로세스에 대한 의견을 구했다. '대표가 참 열심히 하는구나' 하는 기특한(?) 생각이 들어 한동안 가까운 지인들에게 이 서비스를 알렸다. 이후에도 한두 번 더 통화했고 서비스가 개선되는 모습을 볼 수 있었다. 어느덧 팬이 되가고 있는 것이다.

스타트업에서 최초 제품이 출시되면 반드시 집중해야 할 부분이 있다. 바로 최초의 고객군 관리다. 이들의 만족도가 사업의 성패를 가르는 중요한 지표가 되기 때문이다. 따라서 초기고객들에게는 컨시어지concierge 서비스를 제공해야 한다. 컨시어지란 보통 호텔에서 투숙객에게 제공하는 숙박 목적에 부합하는 다양한 서비스(관광지 소개, 렌트, 식당 예약 등)를 말하는데, 스타트업에서는 고객이 제품 사용을 통해 그 목적을 달성할 수 있도록 제공하는 모든 노력을 의미할 것이다. 이를 위해 해야 할 몇 가지 것들을 살펴보자.

첫째, 커뮤니케이션 채널 마련에 주력해야 한다. 이 경우 웹·앱 서비스는 회원 가입 등을 통해 채널 마련이 쉬울 수 있지만 하드웨어 제품은 고객의 견 청취가 쉽지 않다. 하지만 방법을 찾아야 한다. 온라인으로 직접 판매하거나 자사 홈페이지에 고객등록을 유도해 채널을 확보하는 방법을 통해 고객의 반응을 확인해야 한다. 그렇지 않으면 우리 제품을 어떤 사람이 구입하는지, 어떻게 사용하는지, 만족도가 어떤지 알기 어렵다. 이 경우 고객을 모르는 상태로 마케팅을 하게 된다.

둘째, 고객들에게 제품 만족도를 확인해야 한다. 고객이 만족스러워 한다면 아주 좋은 경우이고, 제품에 치명적인 문제가 있을 때는 항의를 받을 것이기 때문에 내용을 파악할 수 있다. 하지만 단순 불만족이나 기대에 못 미치는 품질이라면 고객이 제대로 알려주지 않고, 그냥 조용히 떠날 가능성이 높다.

셋째, 사용상의 문제를 적극적으로 해결해야 한다. 고객이 제품 사용법을 잘 몰라 제대로 활용하지 못하는 경우라면 제대로 된 방법을 알려줘야 한다. 설명서를 개선하거나 사용성을 개선해야 할 수도 있다. 때에 따라서는 직접 방문해서라도 문제를 해결해 줘야 한다. 제품 기능상의 문제라면 향후 개선된 제품을 무료로 보낼 각오로 접근해야 한다.

이처럼 제품 출시 직후 초기 제품의 고객 커뮤니케이션 채널 확보를 통해 제품 만족도를 확인하고 사용상의 문제점을 적극 해결함으로써 고객을 팬으로 만들 수 있는 기반을 만들어야 한다. 초기고객의 만족은 향후 비즈니스 확대를 위한 중요한 이정표가 될 것이기 때문이다.

누가 구입했는지
알아야 한다

"저희는 지금까지 500대 정도를 판매했습니다."

어느 스타트업이 사업계획을 발표 중이었다. 스마트폰 화면을 100인치 크기로 스크린에 보여지게 하고, 스크린에서 터치로 화면 조작이 가능하도록 해주는 휴대용 제품이었다. 제품 판매를 시작한지 얼마 되지 않았는데 500대를 판매했다는 것은 좋은 시작으로 보였다.

"구매한 고객들이 주로 어떤 사람들인가요?"

발표를 듣고 있던 한 투자자가 질문했다. 실제 제품을 구매하는 사람들이 누구인지 궁금했던 것이다.

"판매에 집중하다 보니 아쉽게도 정확히 파악하지 못했습니다."

단기간의 제품 판매는 고무적인데 어떤 사람들이 구매했는지 모른다는 답변은 조금 의외였다. 초기고객이 누구인지 알아야 할 핵심 이유를 살펴보자.

첫째, 제대로 된 제품을 만들고 있는지 확인할 수 있다. 누가 구입했는지 모른다면 고객이 만족하고 있는지도 알기 어렵다. 제품을 구입한 고객들이 제품 사용에 불편한 점은 없는지, 지속적으로 잘 사용하고 있는지, 개선해야 할 점은 없는지 파악해야 한다. 사용상 문의전화나 AS에 대한 대처만으로는 부족하다. 구매고객의 연락처를 확보해 사용자 경험을 문의하는 것도 좋은 방법이다. 고객 불편이 있다면 방문을 해서라도 해결해야 한다. 이 과정을 통해 제품의 완성도를 높이고 고객과 친밀한 관계를 만들 수 있다.

둘째, 마케팅 활동을 위해 필요하다. 이 스타트업은 투자를 유치해 마케팅에 사용하려고 했는데, 고객이 누구인지 알지 못하다 보니 마케팅비용의 사용계획 역시 구체적이지 않았다. 당연한 결과다. 고객을 알아야 그들이 자주 보는 매체, 자주 가는 장소, 자주 이용하는 웹사이트에서 제품을 알릴 수 있기 때문이다. 그걸 모르면 예산만 낭비하기 십상이다.

셋째, 향후 사업 확장에 도움이 될 중요 자산이 된다. 이 회사가 기존 제품과 함께 사용할 수 있는 액세서리를 출시한다고 생각해 보자. 매번 새로운 고객에게 알리는 것보다 기존 고객들과의 커뮤니케이션 채널이 있다면 훨씬 효과적일 것이다. 상당수 제조 스타트업들은 주로 유통망에 제품을 판매하다 보니 고객정보를 알 수 없다. 따라서 비록 유통채널에서 판매를 하더라도 무료 펌웨어 서비스, 무료 AS를 위한 회원등록 등 다양한 정책을 이용해 고객정보를 확보할 필요가 있다.

제품 출시 후 스타트업이 해야 할 일은 제품 판매 그 자체가 아니다. 누가 고객인지 알아나가고 만족스러운 제품이 되도록 적극적으로 확인하는 것임을 잊지 말아야 한다.

목표고객의 목소리에
집중하라

드디어 '사진정리 앱'을 세상에 내놓게 되었다. 사람들이 사진을 많이 찍지만 저장된 사진을 정리하기가 불편하다는 데에서 착안한 서비스다. 실제 서비스가 론칭되자 고객들로부터 다양한 피드백이 들어오기 시작했다.

"시작 버튼이 잘 안 보여요. 좀 더 크게 만들어 주세요."

"사진마다 입력할 수 있는 키워드 갯수를 늘려주세요."

"페이스북과 카카오스토리에 연동시켜 주세요."

핵심기능은 모두 들어있다고 생각했었는데 고객의 요구사항은 예상보다 많았다. 대부분 추가 개발을 하면 되는데, 문제는 요구사항의 우선순위를 정하는 것과 이용자마다 서로 다른 사항을 요청하는 경우다. 내부에서도 우선순위를 정하는데 의견이 엇갈렸다.

사업을 할 때는 고객의 목소리를 듣는 게 중요하다고 들었다. 고객이 왕이라고 하지 않았나? 하지만 왕이 너무 많다. 어떤 왕은 빨간색 버튼을 원하고, 어떤 왕은 파란색 버튼을 원한다. 가만히 보면 왕 말고 왕자와 공주도 있는 것 같다. 어느 나라 왕의 말을 들어야 할까?

대답은 자명하다. 회사가 목표하고 있는 고객의 의견을 들어야 한다. 그들을 '목표고객'이라고 부른다. 사진정리 앱을 만들었을 때 목표로 하는 고객이 있었을 것이다. 혹시라도 이런 생각을 안 해봤다면 지금이라도 늦지 않았다. 이 앱을 가장 필요로 하는, 가장 좋아할 만한 사람들의 군집을 찾아야 한다. 스마트 기기를 자유자재로 활용하는 사람이 많은 20대 초반 남성군인지, 디자인과 감성에 치중하는 사람이 많은 10대 후반 여성군인지, 최대한 쉬운 사용법이 필요한 중장년군인지 등 대상고객에 따라 디자인 컨셉, 기능 사용을 위한 사용자 인터페이스, 글자 모양과 크기까지 달라질 것이다.

처음 개발할 때는 목표고객을 염두에 두고 만들었어도 실제로는 목표고객만 사용하는 것이 아니기 때문에 다양한 고객들이 여러 가지 의견을 제시할 것이다. 오히려 목표고객층이 아닌 층에서 더 많은 의견을 제시할 가능성이 높다. 그들을 대상으로 최적화된 것이 아니기 때문이다.

이때 회사는 중심을 잡고 목표고객의 요구를 최우선으로 반영해야 한다. 수동적으로 반영하는 수준이 아니라, 적극적으로 고객을 관찰하고 물어보며 보완해야 한다. 그들의 만족도가 가장 중요하기 때문이다. 우선 목표고객을 만족시킨 후, 시장 확장 차원에서 기능을 추가하든지, 용도가 다른 서비스를 내놓든지, 프리미엄 서비스를 내놓든지 하는 것이 좋다. 이용자 모두를 만족시키겠다고 이 기능 저 기능 다 넣으며 욕심을 부렸다가는 목표고객마저 만족 못하는 그저그런 서비스가 될 수 있다.

오늘날 페이스북은 많은 사람들이 사용하는 SNS가 되었지만, 처음부터 그런 것은 아니다. 최초의 페이스북은 하버드대학 재학생부터 시작해, 이들이 충분히 만족하자 인근 대학으로 확장시켜 나갔다. 핵심고객이 확실히 만족해야 성장이 수월하다. 그러기 위해 목표고객에 집중해야 한다. 그들의 말에 귀기울여야 한다.

 마케팅에서는 시장 선점을 위해 STP 프레임워크를 활용한다. 우선 시장을 세분화(S, Segmentation)하고, 그 안에서 목표(T, Targeting)를 선정하고, 목표시장에 있는 고객의 마음에 자리잡도록 포지셔닝(P, Positioning)하는 것을 말한다. 그런데 이 STP를 보면 '고객'을 세분화한다는 표현을 하지 않고 '시장'을 세분화한다고 표현한다. 하지만 현실에서는 자사 제품의 시장을 규정하기 어려운 경우들이 종종 발생한다.

가령, 사례로 나온 '사진정리 앱'의 경우 사진정리 앱 시장일까? 스마트폰 앱 시장일까? 규정하기가 쉽지 않다. 이것은 시장을 '제품의 집합'으로 보는 경향이 있기 때문에 발생한 상황이다. 시장을 세분화한다는 개념보다는 고객집단을 세분화한다는 개념, 시장을 '고객의 집합'으로 보는 관점이 훨씬 유용할 것이라 생각된다.

못사면 얼마나
후회할지 물어라

"지난달 제품을 출시해 지금은 소셜미디어 채널을 활용해 마케팅을 진행하고 있습니다. 그런데 생각만큼 판매가 이루어지지 않고 있습니다. 스타트업이 실패하는 가장 큰 이유가 고객들이 원하지 않는 제품을 만들어서라고 하는데 제품의 문제인지, 마케팅의 문제인지 어떻게 알 수 있을까요?"

제품을 출시하면 일반적으로 마케팅 활동에 집중하게 된다. 출시한 날부터 날개 돋친 듯 팔리년 좋겠지만 현실은 그렇지 못한 경우가 많다. 그래서 사전에 적합한 마케팅 방법을 찾아야 하는데, 본격적인 마케팅에 앞서 미리 챙겨보면 좋은 것이 있다. 그것은 바로 우리 제품이 고객의 문제를 해결해 주는 '반드시 필요한' 제품인지 확인하는 것이다.

아무리 좋은 마케팅 방법이 있더라도 고객이 원하지 않는 제품이라면 마케팅 효율을 높이기 어렵고 오히려 실패를 촉진할 수 있다. 지금 시점에서는 제품이 출시되어 있으니 구매고객(혹은 이용고객)을 대상으로 효과적인 정보를 얻을 수 있다.

구매고객에게 무엇을 물어보면 좋을까? 『진화된 마케팅, 그로스 해킹』의 저자 숀 엘리스는 이렇게 물어볼 것을 제안했다.[31]

"앞으로 저희 제품을 이용할 수 없다면 고객님이 어느 정도의 실망감을 느끼게 될까요?"

선택할 수 있는 답변으로는 '① 매우 실망스럽다 ② 약간 실망스럽다 ③ 실망스럽지 않다 ④ 해당 없음(현재 사용하지 않음)'이 주어진다. 이 결과 응답 고객의 40% 이상이 '매우 실망스럽다'고 한다면 '반드시 필요한' 제품으로 볼 수 있다. '매우 실망스럽다'가 25~40%라면 제품의 기능과 사용성 개선 등을 조금 더 보완하면 된다. 문제는 '매우 실망스럽다'가 25% 미만인 경우다. 이때는 본격적인 마케팅에 앞서 제품의 시장적합성을 보다 면밀히 검토해야 한다. 목표고객이 잘못된 것은 아닌지, 고객 불편을 제대로 해결하지 못한 것은 아닌지, 고객이 활용할 수 있는 다른 방식(경쟁사 포함)보다 경쟁력이 떨어지는 것은 아닌지 다시 한 번 확인할 필요가 있다.

아무리 제품을 잘 만들어도 제대로 알리지 못하면 실패할 것이다. 하지만 제품을 제대로 못 만들면 알려도 실패할 것이다. 제품을 잘 만들었는지 여부는 스타트업이 판단하는 게 아니라 고객의 입장에서 생각해야 하는 것이다. 이것이 되어 있어야 제대로 알리는 활동의 효과가 극대화될 것이다.

One more 고객의 실망감 지표를 통해 제품·시장 적합성을 살펴보았다. 그리고 이는 순추천고객지수(NPS, Net Promoter Score) 테스트를 통해서도 확인해 볼 수 있다. 제품을 이용해 본 고객들에게 추천의사를 물어보는 것이다. 추천의사를 0점(추천의사 전혀 없음)에서 10점(반드시 추천)까지의 척도로 확인해 보자. 추천고객은 9~10점, 중립고객은 7~8점, 비추천고객은 1~6점 정도로 배치했을 때 순추천고객지수는 추천고객비율에서 비추천고객비율을 빼는 것이다. NPS의 결과가 60점 이상이면 솔루션 구현을 명확히 한 것으로 평가할 수 있다.

| 순추천고객지수 |

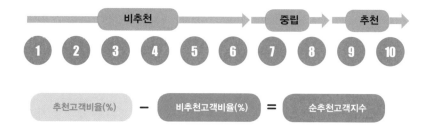

CHAPTER 6

반복하면 확장가능한가

비즈니스모델

생각은 크게,
시작은 작게

"생각하고 또 생각한 결과 처음보다 훨씬 확장된 비즈니스모델을 만들었습니다~~^^;"

어느 날 밤에 받은 메일 내용이다. 메일 안에 여러 개의 물결(~)과 웃음(^^;) 표시가 들어 있는 것으로 봐서 얼마나 즐거워하고 있는지 보지 않아도 알 것 같았다. 확장된 비즈니스모델은 여행종합 플랫폼이었다. 많은 사람이 여행을 하는데 이에 대한 종합적인 사이트가 없다는 것이다. 어디를 가면 좋을지, 어떻게 가면 되는지, 맛집은 어디인지 등을 망라한 플랫폼이 필요하고 완성만 되면 사람들이 모여들 것이라고 했다.

시계를 보니 밤 11시가 조금 넘었다. 메일을 보낸 대표는 사업의 비전을 생각하며 설레는 마음으로 잠자리에 들 것이다. 어떻게 회신하면 좋을까 잠시 고민하다 이렇게 메일을 보냈다.

"저는 유아(1~7세) 자녀를 둔 아빠 대상의 서비스를 생각하고 있어요. 아빠들이 아이와 놀아주는 법, 아이의 반응에 대응하는 법, 기저귀 싸게 사는 법 등을 잘 모르잖아요. 그래서 인터넷을 찾아 대충 검색해서 해결하고 있는데, 이런 모든 내용을 종합적으로 모아놓은 '아빠를 위한 육아정보 플랫폼'을 만들려고 해요. 광고·상품판매 등을 통해 수익화도 가능하고…. 와우! 멋진 비즈니스가 될 것 같아요. 조언 구할게요."

잠시 뒤 회신이 왔다.

첫째, 아빠가 필요로 하는 모든 정보를 한 번에 만들 수 없으니 어떤 정보를 가장 필요로 하는지 알아야 한다.

둘째, 이를 알기 위해서는 대상 아빠군을 보다 더 구체적으로 군집화해야 할 필요가 있다. 현재 자녀의 나이를 1세에서 7세로 보는 것 같은데 아이의 나이별·성별에 따라 필요한 정보의 차이가 크고 아빠의 직업, 거주지역 등에 따라서도 필요 정보의 우선순위가 다르다는 점을 알아야 한다.

셋째, 정보에 경쟁력이 있으려면 기존 방식으로는 구하기 어려운 것이어야 한다. 즉, 아빠들은 현재 필요한 정보를 인터넷 검색을 통해, 인터넷 카페를 통해, 아내에게 물어보는 것으로 해결한다. 새 플랫폼에서 제공하려는 정보는 기존 방식보다 더 나은 것이어야 한다.

그러면서 자신의 비즈니스도 이런 점을 살펴봐야 한다며 다시 정리해 보겠다고 했다.

바로 그거다. '생각은 크게, 시작은 작게(Think Big, Start Small)'. 플랫폼을 만들겠다는 비전은 좋지만 시작부터 모든 사람을 만족시킬 수는 없다. 눈사람을 만들려면 먼저 눈덩이를 뭉쳐야 한다. 눈덩이도 없는데 어떻게 눈사람을 만들겠는가!

페이스북을 생각해 보자. 페이스북이 처음부터 모든 사람을 대상으로 서비스를 시작했다면 그저 그런 서비스로 끝났을 것이다. 하버드생들을 열렬히 만족시키는 것에서부터 출발했다는 것을 잊지 말아야 한다. 메일을 보냈던 대표도 이런 내용을 다 알고 있었다. 하지만 자신의 비즈니스 계획에서는 잘 보이지 않았던 것이다. 때때로 아이디어에 매몰되지 말고 한 발자국 떨어져 생각해 볼 필요가 있다.

BM 검증, 퍼널에 기반한
핵심지표를 확인하라

교육용 앱을 서비스하는 스타트업이 있었다. 출시했던 무료 앱 몇 개는 교육분야 마켓에서 여러 번 다운로드 1위를 했다. 문제는 함께 내놓은 유료 앱의 부진이었다. 출시 초기에만 반짝 매출이 발생한 뒤 지속적인 매출이 발생하지 않았다. 무언가 방법을 바꿔야 했다.

"무료 앱들은 설치가 많이 됐군요. 앱마다 하루 이용자 수가 어떻게 되나요?"

가벼운 질문이었는데 대표는 조금 당황해 했다. 이날은 결국 수익확보 전략에 대한 깊이 있는 이야기를 나누지 못했다. 대표가 말할 수 있는 숫자가 다운로드 수밖에 없었기 때문이다.

스타트업은 고객의 불편을 확인하고 그에 대한 솔루션을 제시한 뒤에 제품을 만들게 된다. 제품 판매가 시작되면 애초 계획대로 지속가능한 비즈니스가 될 수 있을지 이용자 수, 이용률, 매출, 수익 등의 숫자로 확인하게 된다. 이러한 숫자 중 중요하게 살펴야 할 것들을 핵심지표라고 한다.

여러 숫자 중 어떤 것이 핵심지표인지 알기 위해서는 퍼널(funnel, 깔때기)이라는 개념을 알아야 한다. 깔때기는 입구가 넓고 출구가 좁다. 목표고객이 제품을 인지한 후 구매에 이르기까지 과정을 생각해 보면 후반부로 갈수록 숫자가 줄어든다는 것을 알 수 있다. 이를 깔때기에 비유한 것이다.

쇼핑 웹사이트를 예로 들어보자. 하루 10만원의 광고비로 1만 명의 고객에게 키워드 광고를 했더니 1,000명이 사이트에 들어왔고, 이 중 300명이 회원가입을 했다. 그리고 여기서 30명이 상품을 구매했다. 상품 가격은 5만원이었고 원가는 25,000원이었다. 30명이 구매했으니 결론적으로 매출 150만원, 매출이익 75만원이 생겼다.

조금 복잡하지만 이를 지표로 바꿔보면 이렇다. 광고 노출비용은 1인당 10원, 광고 노출 대비 유입율 10%, 회원 가입률 30%, 구매율 10%, 인당 평균 구매가 5만원 등이다. 이처럼 고객유입 초기부터 구매에 이르기까지 여러 퍼널지표를 확인할 수 있는데, 여기서 중요한 지표를 핵심지표라고 한다. 이 지표들을 통해 알 수 있는 점은 다음과 같다.

첫째, 수익모델이 검증되고 있는지 알 수 있다. 이 회사는 75만원의 매출이익을 얻었다. 이 회사가 하루 평균 지출하는 판매·관리비가 75만원 이하라면 이 회사는 일단 수익모델이 검증됐다고 할 수 있다. 작은 단위의 수익모델이 검증된다면 이제 규모를 키울 수 있게 된다.

둘째, 어디에 집중해야 할지 알 수 있다. 핵심지표들이 나오면 현 상황을 이해하고 개선방안을 수립·실행할 수 있다. 광고 노출 대비 유입율 10%를

퍼널 항목	지표	내용
광고 노출비용	10원/인	광고비 10만원 / 광고 노출 1만명
광고 노출 대비 유입율	10%	유입인원 1,000명 / 인당 유입 광고비 100원
회원 가입률	30%	가입자 300명
구매율	10%	구매자 30명
인당 평균 구매가	5만원	매출액 150만원 / 매출이익률 50% / 매출이익 75만원

더 높이는 방법, 인당 유입 광고비 100원을 더 낮출 수 있는 방법, 회원 가입
률을 더 높이는 방법, 구매율을 더 높이는 방법 등을 찾아 실행하는 데 집중
할 수 있다.

셋째, 의사결정의 기본자료가 된다. 비즈니스모델 검증과정에서 이대로
계속할지, 수정이 필요한지 등 여러 결정의 기준이 될 것이다.

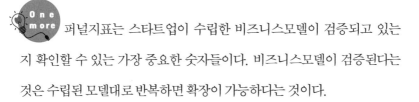

퍼널지표는 스타트업이 수립한 비즈니스모델이 검증되고 있는
지 확인할 수 있는 가장 중요한 숫자들이다. 비즈니스모델이 검증된다는
것은 수립된 모델대로 반복하면 확장이 가능하다는 것이다.

앞의 표는 하루 동안 진행된 영업활동의 결과를 지표로 만든 것이다. 10만
원의 광고비를 들였을 때 결과적으로 매출이익이 75만원이 되었다는 말
이다. 이때 이 스타트업의 하루 판매·관리비(제품 원가에 해당하는 매출원가
를 제외하고 소요되는 모든 비용)가 75만원 이하라면 이 회사는 비즈니스모델
이 제대로 움직이고 있다고 판단할 수 있다. 판매·관리비가 75만원을 약
간 초과하더라도 기존 고객의 재구매 및 고객의 생애가치는 1회성 구매보

다 높을 것이기 때문에 긍정적인 수준이라고 생각할 수 있다. 이제 마케팅비를 10만원이 아니라 1,000만원을 사용하면 매출이익 7,500만원을 예상해 볼 수 있게 된다.

이처럼 본격적으로 사업이 시작되면 비즈니스의 핵심이 되는 퍼널지표를 만들어 관리할 필요가 있다. 우리가 현재 잘하고 있는지, 부족한 부분은 어느 쪽인지 알 수 있도록 해주는 실질적인 지표가 되기 때문이다. 특히 웹이나 앱을 기반으로 비즈니스를 진행하는 스타트업이라면 더욱 그렇다. 이와 관련해서 션 엘리스Sean Ellis와 모건 브라운Morgan Brown이 집필한 『진화된 마케팅, 그로스 해킹』이라는 책이 도움이 될 것이다. [31] 드롭박스, 핀터레스트, 페이스북, 링크드인, 에어비앤비 등이 초기 성장을 위해 어떤 지표에 집중했는지 자세하게 나와 있다.

성공한 비즈니스모델을
끊임없이 벤치마킹하라

'비즈니스모델'이라는 단어는 전문가에 따라 조금씩 정의는 다르지만 '사업의 핵심요소가 어떤 방식으로 운영되는지 구조화해 보여주는 것' 정도로 설명할 수 있다.

스타트업의 시작은 보통 목표고객이 가진 니즈를 확인하고 이를 해결할 수 있는 솔루션을 찾았을 때부터다. 이러한 솔루션은 기술 혁신이나 비즈니스모델 혁신으로 만들어진다. 여기서 비즈니스모델은 한 번 만들었다고 끝나는 것이 아니라 고객에게 더 많은 효용을 줄 수 있도록 계속 생각하고 발전시켜야 한다. 새로운 모델은 고객에게 더 나은 솔루션을 제시하는 과정에서 스스로 만들 수 있지만 이미 다양한 업종에서 성공한 비즈니스모델의 사례가 많으니 벤치마킹해 적용해 보는 것도 좋은 방법이다. 성공한 비즈니스모델의 특징을 자사에 적용했을 때 고객에게 더 큰 가치를 줄 수 있는지 살펴보는 것이다.

가령 자사 제품의 가격이 너무 비싸 수요 확산에 어려움이 있다고 가정해보자. 오래 전 이야기지만 여전히 흥미 있는 제록스복사기 사례다.

1959년 제록스는 '제록스 914'를 출시했다. 기존의 복사기들은 시간이 오래 걸리고 특수지로만 복사가 가능했으며 품질이 좋지 않았다. 하지만 제록스 914는 획기적 품질의 건식 자동복사기였는데, 문제는 천문학적인 연구개발비를 회수하기 위해 높은 판매가격을 설정한 것이다. 너무 비싸다 보니 아무리 품질이 좋아도 고객들은 움직이지 않았다. 이 정도 가격이라면 불편하더라도 기존의 복사기를 사용하는 것이 더 낫다고 생각했다. 제록스는 여기서 결정적 한 수를 둔다. 복사기를 파는 것이 아니라 복사를 파는 방식으로 바꾼 것이다. 기본료와 초과 복사비의 형태로 가격을 책정했다(2,000장까지 월 95달러, 초과시 장당 4센트). 그러자 고객들은 열광했다. 대성공이었다. 창업자 조 윌슨은 "대여전략으로의 전환은 기술 다음으로 회사에 성공을 안겨준 중요한 결정이었다"고 평가했다.[32]

'제록스 914' 모델의 초기 광고 및 힐티 서비스

고객이 원하는 것을 더 잘 제공하는 방법은 없을까?

중부 유럽에 있는 리히텐슈타인의 힐티HILTI는 건설공구를 만드는 제조

회사로, 드릴링·데몰리션·스크루·앵커 등의 장비를 만들어 판매했다. 그런데 지금은 단순한 제조회사가 아닌 건설에 필요한 모든 공구를 대여·관리해 주는 솔루션 회사가 됐다. 그동안 건설회사들은 장비 구입에 대한 부담, 장비 보관의 불편함, 분실 및 고장에 대한 우려를 갖고 있었는데 힐티가 이런 불편함을 한 방에 날려준 것이다. 공구를 판매하는 제조회사가 아니라 건설장비 솔루션을 제공하는 서비스기업이 된 것이다.

여러분의 제품도 제록스나 힐티 모델의 적용이 가능할까? 성공기업의 비즈니스모델 사례는 인터넷 검색이나 시중의 도서로 충분히 찾아볼 수 있다. 기술 혁신과 비즈니스모델 혁신이 함께 일어난다면 더욱 견고한 사업을 만들어 나갈 수 있을 것이다.

One more 비즈니스모델은 다양하다. 100가지가 넘는 비즈니스모델들을 사례와 함께 모아놓은 책들도 있다. 생각해 볼 수 있는 다양한 비즈니스모델을 창업자의 머릿속에서 모두 생각해 낼 수 있으면 좋겠지만 쉬운 일이 아니고 그렇게 해야 할 이유도 없다. 성공한 비즈니스모델 사례가 나온 책을 통해 자신이 현재 하고 있는 비즈니스도 그렇게 바꿔볼 수 있는지 시뮬레이션해 보면 좋을 듯하다. 중요한 것은 비즈니스모델 자체는 창업자가 이렇게 저렇게 변경할 수 있지만 반드시 고객에게 더 많은 가치를 줄 수 있는지 검증해야 한다. 그래야 돌아갈 수 있다.

비즈니스모델과 관련해서 에이드리언 슬라이워츠키의 『프로핏 레슨』(다산북스), 『수익지대』(세종연구원), 미타니 고지의 『세상을 바꾼 비즈니스모델 70』(더난출판사)을 추천한다.

성공사례,
맥락을 고민하라

"수제비누 사업을 하려고 합니다."

"어떤 경쟁력이 있나요?"

"착한 마케팅을 하려고요. 고객이 하나를 사면 하나를 기부하는 것으로."

"그렇게 하면 사람들이 비누를 사나요?"

"성공 사례가 있습니다. 탐스슈즈가 그런 모델로 성공했거든요."

탐스슈즈는 신발 한 켤레가 팔리면 또 다른 신발 한 켤레를 제3세계 아이들에게 기부하는 것으로 유명하다. 창업 7년 만인 2013년에는 매출이 4억달러에 이를 정도로 급성장하며, 착한 마케팅의 대명사가 됐다.[33]

성공기업의 비즈니스모델을 벤치마킹해 적용하는 것은 의미 있는 일이다. 다만, 우리가 생각해야 할 점은 탐스슈즈처럼 원포원(One For One, 하나 사면 하나 기부) 마케팅을 하면 누구나 성공할 수 있느냐 하는 것이다. 맥락을

탐스슈즈와 One For One 캠페인

살펴볼 필요가 있다.

탐스슈즈가 처음부터 잘된 것은 아니다. 수요의 트리거(trigger, 방아쇠)는 스칼릿 조핸슨, 키라 나이틀리 같은 할리우드 스타들이 탐스슈즈를 신고 미디어에 등장하면서부터다. 이들이 신은 신발에 대중은 관심을 가졌고, 이 신발을 신으면 남을 도울 수 있다는 것이 알려지기 시작했다. 탐스슈즈를 신은 스타들은 이타심이라는 긍정적 이미지를 갖게 되었고, 대중도 탐스슈즈를 신음으로써 자존감을 갖게 되었다. 드러내놓고 말하지 않아도 '탐스슈즈 신은 사람 = 남을 도울 줄 아는 사람'이라는 가치가 만들어진 것이다.

우리나라에도 비슷한 사례가 있다. 마리몬드라는 스타트업에서 위안부 할머니들이 그린 이미지로 폰케이스를 만들었다. 그분들의 아픔과 존귀함의 회복을 실천한다는 의미다. 하지만 그런 의미만으로 현재와 같은 수요를 만들기는 힘들었을 것이다. 수요의 결정적 계기는 국민 첫사랑 수지의 공항 패션이었다. 수지가 들고 있던 폰케이스가 인터넷에 노출되었고, 사람들은 수지의 폰케이스에 주목했다. 그리고 폰케이스의 의미를 알게 되자 공감대가 형성됐고 구매에 불이 붙었다. '마리몬드 폰케이스 = 위안부 할머니를 기리고 실천할 줄 아는 의식 있는 사람'이 된 것이다.

그렇다면 수제비누에 단순히 원포원 마케팅을 붙이면 충분한 수요를 일으킬 수 있을까? 신발이나 폰케이스의 경우 수요를 견인한 것은 원포원 마케팅만이 아니었다. 공항 패션에 비누를 노출하기도 어렵고, 비누 향으로 자기정체성을 드러내는 것도 어려울 것이다(물론 이런 일에 100% 된다, 안 된다는 없다). 충분히 더 생각할 필요가 있어 보인다.

미디어에는 수많은 성공기업의 사례들이 소개되고 있고, 성공요인도 다양하다. 그런데 성공한 기업은 어떤 성공요인을 갖다 붙여도 말이 된다. 성공했기 때문이다. 그래서 우리가 봐야 할 것은 맥락이다. 어떤 부분이 수요를 견인한 트리거였는지 먼저 찾아야 한다.

뭔가 잘 안 풀리면,
고객관점에서 다시 보라

분쇄된 원두가 들어 있는 캡슐을 머신에 넣고 버튼 하나로 손쉽게 추출해 마실 수 있는 캡슐커피가 있다. 이 커피는 지난 1974년 글로벌 식품기업인 네슬레가 바텔연구소로부터 기반 기술을 사들이며 시작된다. 네슬레는 이 기술을 바탕으로 작고 편리한 에스프레소 추출머신을 완성해 네슬레와 에스프레소를 합쳐 '네스프레소Nespresso'라고 이름을 지었다. 기존 시장에서는 육중한 크기를 자랑하는 에스프레소 머신이 주로 사용되고 있었는데, 네스프레소는 작고 쉬운 조작이 차별화 포인트였다.

네슬레는 1986년 자회사를 만들어 본격적인 캡슐커피 사업을 시작했다. 네스프레소는 초기고객을 에스프레소 머신을 이용하는 사무실·카페·레스토랑으로 잡았다. 기존 커피머신이 크기가 커서, 작고 사용이 편리한 커피머신에 대한 수요가 있을 것으로 생각했다. 그러나 고객 반응은 예상과 달랐다. 머신의 크기가 작은 것은 사무실과 매장에 큰 가치를 주지 못했고,

네스프레소 머신

오히려 캡슐커피 가격에 부담을 느꼈다. 그리고 에스프레소 머신의 외형, 소리, 바리스타의 솜씨가 커피 맛을 좌우한다는 기존 카페 고객들의 믿음도 무시할 수 없었다. 또한 바리스타들은 버튼 하나로 실행되는 머신이 자신들의 생계를 위협한다고 생각했다. 네슬레 본사는 괜한 사업을 시작해 체면만 구겼다고 판단했고, 결국 2년 만에 폐업을 검토해야 했다.

하지만 네슬레는 1988년 네스프레소 책임자로 외부인사인 장 폴 가이야르를 영입해 한 번 더 도전하기로 했다. 가이야르는 기존 비즈니스모델이 제대로 돌아가지 않는 이유를 살펴봤다. 네스프레소가 제안하는 솔루션은 작은 크기와 편리한 사용성이었는데 목표고객들은 이것이 필요할 만큼 불편을 느끼지 않고 있었다. 문제가 없는데 솔루션이 무슨 의미란 말인가? 당연히 시장에서 먹히지 않았다. 그렇다면 목표고객이 가진 불편을 해결해주는 다른 솔루션을 내놓든지, 아니면 네스프레소가 해결할 수 있는 불편(문제)을 가진 고객군을 찾든지 해야 할 것이다.

가이야르는 목표고객을 변경하는 것으로 가닥을 잡았다. 스타벅스 같은 고급 커피를 좋아하는 부유한 가정주부들을 고객으로 설정했다. 이들 중에는 이미 에스프레소 머신을 가지고 있는데 이용이 불편해 자주 사용하지 않거나, 동일한 이유로 구매를 미루는 사람들도 많았다. 가이야르는 이들에게 네스프레소 머신이 솔루션이 될 수 있다고 생각했다. 네스프레소는 작고 쉬웠다. 여기에 더해 부유한 가정집에 설치되는 것이므로 '커피계의 아르마니(이탈리아 명품 브랜드)'라고 불릴 정도로 머신 디자인에 신경을 썼다. 또 그동안 제때 팔리지 않아 재고관리에 어려움을 겪던 캡슐커피는 네스프레소 클럽이라는 이름으로 직접 주문을 받아 배달했다. 머신의 가격도 최대한 싸게 해 누구나 구입할 수 있도록 초기 가격장벽을 낮췄다. 가이야르는 네스프레소의 목표고객을 재설정하고 고객이 가진 문제를 해결하는 솔루션에 집중한 것이다.

이러한 일관된 노력은 곧 결실을 냈다. 네스프레소는 2000년부터 10년간 매년 30% 이상의 성장률을 만들어 냈다. 2011년 발행된 리포트에 따르면 캡슐커피가 분당 12,300개씩, 연간 64억 개 넘게 소비됐다고 한다. 하마터면 사라질 뻔한 비즈니스가 목표고객, 문제, 솔루션을 변경해 구사일생한 것이다. 비즈니스모델이 뭔가 잘 돌아가지 않는다면 다시 한 번 대상고객이 적절한지, 고객은 불편함을 느끼고 있지 않은지, 우리가 그 불편을 해결할 수 있는지 등을 점검해 보면 도움이 될 것이다.

외부 제안,
선별적으로 대처하라

"언론에 기사가 나간 후 이곳저곳에서 사업 제안이 들어오기 시작했어요."
C사는 중국어 교육서비스를 시작한 스타트업이다. 이들은 10년 차 이상
의 직장인들이 학원에 다니는 불편함에 초점을 맞췄다. 통원시간의 불편
함, 젊은 사람들과 한 반이 되어 배우는 어색함 같은 것들을 차별화했다.
그래서 이들은 온라인 학습으로 최대한 연습하고 연습이 끝나면 학원에
서 1대1 수업을 제공하기로 했다. 전체적인 학습관리는 중국어가 가능한
코디네이터가 맡았다. 창업팀은 교육 경력자들로 갖춰져 있다 보니 서비
스는 신속히 신행됐고, 개발된 콘텐츠의 일부로 베타 서비스를 오픈했다.
문제는 서비스 오픈 기사가 언론에 보도되면서부터 시작됐다. 이러한 학
습방식에 관심을 가진 회사들로부터 사업 제안이 오기 시작한 것이다.
대표는 관련 회사들로부터 서비스의 가치를 인정받는 것 같아 협력 제안
을 적극적으로 받아들였다. 만나는 상대마다 좋은 아이디어라고, 앞으로

잘될 것 같다며 자신들과 함께하자고 했다.

이렇게 되자 사업계획서에는 상품군이 늘어나기 시작했다. 가상현실(VR) 기술을 적용한 중국어 콘텐츠, 신문기사와 접목한 독해 콘텐츠 등이다. 대상고객도 다양해져 급기야 초등학생을 위한 방과후 수업까지 사업영역에 넣고 개발에 나섰다. 모두 외부 제안으로 생겨난 사업기회였다. 그리고 새로운 곳과 미팅할 때마다 사업영역은 계속 늘어났다.

여기서 잠깐, 좋은 기회처럼 느껴지는 외부 제안을 모두 수용해도 될까? 물론 그것이 스타트업의 비즈니스모델을 검증하는데 필요하다면 적극적으로 활용해야 한다. 하지만 그렇지 않다면 우선순위를 조정해야 한다.

스타트업이 지금 막 활주로를 출발한 비행기라면 스타트업 비행기는 비즈니스모델이 검증될 때 비로소 이륙할 수 있다. 이때 비즈니스모델의 가설에 따라 반복적으로 실행하면서 확장가능한 상태가 되는지 확인해야 한다. 그러기 위해서는 선택과 집중이 필요하다.

C사의 경우 현 시점에서 가상현실 콘텐츠, 방과후 수업을 준비하는 것은 우려스러운 일이다. 이륙도 하기 전에 이것저것 다 하려다가는 무엇 하나 제대로 못하고 엔진이 꺼질 수 있다. 일단 이륙을 하면 그 다음 것들은 훨씬 순조롭게 할 수 있겠지만 이륙도 못한다면 아무것도 할 수 없다. 이륙이 먼저다. 그러면 훨씬 더 괜찮은 협력 제안을 받을 수 있다. 결국 사업 초기 외부 제안이 자신의 비즈니스모델을 검증하는 데 도움이 되는지가 의사결정의 핵심이다.

CHAPTER 7

성장을 위한
에너지
──────── 자금조달

기업가치를
정하는 방법

"투자유치 희망금액이 어느 정도인가요?"

어느 데모데이 행사에서 스타트업의 발표가 끝난 후 투자자가 질문했다.

"10억원입니다."

"지분율은요?"

"10% 정도를 예상하고 있습니다."

"투자 후 가치를 100억원 정도로 보시는군요. 현 시점에서 그 정도 가치

가 있다고 보는 이유가 있나요?"

"아직 깊이 생각하지 못했습니다만…."

투자자가 언급한 기업가치 100억원이라는 것은 10억원 투자시 지분율

10%라는 창업자의 대답에서 유추한 결과다. 그런데 창업자는 그 근거에 대

한 질문에 제대로 답하지 못했다. 창업자라면 한 번쯤 자사의 기업가치에

대해 고민해 봐야 한다. 많이 활용하는 몇 가지 방법을 살펴보자.

먼저 자산가치평가법이다. 기업의 회계장부에 기재된 모든 자산을 현금화했을 때 어느 정도의 가치가 있느냐는 것이다. 참 깔끔한 방법이다. 하지만 스타트업의 경우 기술이나 사람 같은 무형자산이 대부분이라 제대로 된 가치산정이 어렵다.

다음은 수익가치평가법이다. 이 방법은 영업활동을 통해 얻게 되는 미래수익에 할인율(이자율이나 위험도를 반영)을 반영해 현재가치로 환산하는 방식이다. 시중이자율이 5%라면 오늘의 100원은 은행에만 넣어놔도 1년 뒤 105원이 된다. 그렇다면 1년 뒤 100원을 현재가치로 환산하면 이자율만큼 할인해 95.2원이 된다(100원을 '(1+이자율)'로 나눔). 실제 계산시에는 할인율을 몇 퍼센트로 할 것인지, 향후 이익 추정에 대한 개연성이 어느 정도인지가 중요 변수가 된다.

마지막으로 시장가치평가법이 있다. 일정 시점의 매출을 바탕으로 주식시장에 상장된 유사업종의 기업들과 비교해 가치를 산정하는 것이다. 보통 주식시장에서 거래되는 상장기업의 기업가치('시가총액'이라고도 함)는 순이익 대비 ×배 수준으로 거래되고 있을 것이다. 예를 들어 주식시장에 상장된 기업의 전년도 당기순이익이 100억원인데 현재 2,000억원 수준에서 거래되고 있다면 이 회사는 당기순이익의 20배로 거래되는 것이다. 여기에서 20을 '주가수익비율(Price Earning Ratio·PER)'이라고 부른다. 이런 식으로 유사기업들의 PER를 구할 수 있으며 스타트업의 예상순이익에 유사기업 평균 PER를 곱하고 적정 수준의 할인율을 적용하면 시장가치평가가 된다.

대표적인 방법 몇 가지를 알아봤다. 방법이 여러 개라는 것은 결국 완벽한 하나가 없다는 것이다. 일반적으로 벤처캐피털에서는 스타트업의 투자 심의보고서를 작성할 때 이러한 방법으로 계산한 후 가중치를 반영해 산정한다. 자산가치 20%, 수익가치 30%, 시장가치 50% 하는 식으로 말이다. 일상에서는 좀 더 단순하게 예상당기순이익을 추정하고 비교 기업의 PER를 활용해 기업가치를 매기는 방법을 사용하기도 한다. 가령 올해 예상순이익이 20억 원이고 유사 산업에 있는 상장기업들의 평균 PER가 15라면 자사의 가치는 순이익에 PER를 곱해 기업가치를 300억 원으로 어림잡을 수 있다 (여기에 불확실성을 감안하여 적절한 수준의 할인율을 곱하게 되는데, 이 할인율은 판단하는 사람에 따라 달라질 것이다).

따라서 투자 협상이 필요한 창업가들이라면 나름대로의 기준점을 세워 논의의 출발점을 만들 필요가 있다.

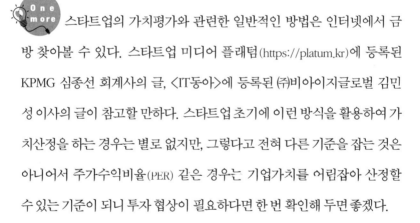 스타트업의 가치평가와 관련한 일반적인 방법은 인터넷에서 금방 찾아볼 수 있다. 스타트업 미디어 플래텀(https://platum.kr)에 등록된 KPMG 심종선 회계사의 글, 〈IT동아〉에 등록된 ㈜비아이지글로벌 김민성 이사의 글이 참고할 만하다. 스타트업 초기에 이런 방식을 활용하여 가치산정을 하는 경우는 별로 없지만, 그렇다고 전혀 다른 기준을 잡는 것은 아니어서 주가수익비율(PER) 같은 경우는 기업가치를 어림잡아 산정할 수 있는 기준이 되니 투자 협상이 필요하다면 한 번 확인해 두면 좋겠다.

초기 단계에서의
현실적인 기업가치

"현재 서비스 개발단계인데 초기투자를 받게 됐습니다. 1억원을 투자받기로 했고 지분율도 결정됐습니다. 주위에서는 잘됐다는 격려도 있었지만 기업가치를 제대로 평가받지 못한 것 아니냐는 우려도 있습니다. 이런 일이 처음이다 보니 잘하고 있는 것인지 염려도 되는데 기업가치를 어떻게 산정하는 게 합리적일까요?"

스타트업의 투자유치과정에서 결정하기 어려운 것 중 하나가 적절한 기업가치일 것이다. 현재의 기업가치가 어느 정도 되는지 알아야 투자금액에 대한 지분율을 계산할 수 있기 때문이다. 인터넷을 열심히 검색해 봐도 속 시원한 답을 찾기 어렵다. 다른 곳들은 어떻게 하고 있을까?

먼저 스타트업의 투자단계를 알아보자. 스타트업 투자는 성장단계에 따라 시드seed, 시리즈series A, 시리즈B, 시리즈C 식으로 나뉜다. 사업 특성에 따라 차이가 있지만 보통 국내에서 시드단계는 제품개발을 위해 5,000만 원에서 3억원 정도, 시리즈A는 시장에 진입하는 단계로 3억원에서 10억원 정도, 시리즈B와 C는 본격적인 시장 확장을 위해 그 이상의 투자가 이뤄진다. 시리즈B와 C는 본격적인 매출이 발생한 후가 대부분이어서 시장규모, 재무적인 숫자, 사업의 주요지표를 반영해 기업가치를 정한다. 이렇게 단계를 나누는 것은 필요자금을 사업 초반 한꺼번에 투자받기 어렵고 초기에 과다한 지분이 나갈 수 있기 때문이다.

기업가치를 측정하는 방식은 앞서 살펴봤듯이 여러 가지가 있는데, 핵심은 앞으로 얼마를 벌 수 있을지 예측해 이것을 현재가치로 추정하는 것이 합리적일 것이다. 그런데 초기 스타트업일수록 불확실성이 높아 의미 있는 가치산정이 어렵다. 그러다 보니 실제 시드단계의 투자자들(주로 엔젤투자를 전문으로 하거나 스타트업 액셀러레이팅 기관들)은 투자하고자 하는 스티트업의 기업가치를 정해놓고 제안하는 경우가 많다. 주로 10억원에서 30억원 내외의 가치를 가진 스타트업을 찾아 5~10% 정도의 지분 확보를 목표로 하는 것이다(물론 더 낮은 기업가치의 스타트업을 찾는 투자자들도 있다).

따라서 시드단계에서 투자를 원하는 스타트업은 투자자가 제안하는 조건을 고려해 협상하는 방법을 취해야 한다. 창업자 입장에서는 자금이 있어야 제품을 완성하고 시장 검증을 할 수 있으므로 정확히 측정될 수 없는 기업가치에 집착하기보다는 과다하지 않은 수준의 지분을 주고 자금을 확보하는 데 집중할 필요가 있다. 이 단계에서는 오히려 지분율 자체보다 사업 조언, 인맥 소개, 투자자 소개 등을 해줄 수 있는 좋은 투자자를 만나는 게 더 중요할 수 있다. 이 자금으로 사업 진도를 나가 시장성을 검증받으면 향후 더 좋은 조건의 자금을 투자받을 수 있기 때문이다. 물론 예상보다 너무 낮은 기업가치를 제안받는다면 투자자를 설득할 무언가를 더 제시하거나, 향후 성과 달성시 인센티브를 받을 수 있는 옵션을 추가하거나, 다른 투자자를 찾는 방법도 고려할 수 있다. 투자계약이란 서로간 충분한 협상을 통해 양쪽 모두 만족스러운 수준에 도달할 수 있어야 한다.

중소기업 투자모태조합운영 전담회사로 중소벤처기업부 관할 공공기관인 한국벤처투자(주)에서는 2018년 11월『초기기업을 위한 벤처캐피탈 투자계약서 해설서』를 발행했다. 초기 기업의 투자유치에 도움을 주기 위해 발행된 이 자료는 홈페이지(http://www.k-vic.co.kr)의 공지사항-기타공지에서 무료로 다운로드 받을 수 있다. 투자유치를 진행 중이거나 투자계약서에 대한 이해가 필요하다면 이 자료가 큰 도움이 될 것이다. 추가로 홈페이지의 [KVIC MarketWatch] 메뉴를 선택하면 최근 투자동향을 알 수 있는 동일한 이름의 월간 저널을 받아볼 수 있다.

예상 매출은
창업자 생각의 크기다

"사업계획서를 쓰는 중이에요. 추정재무제표를 작성해야 하는데 3년 뒤 매출을 어느 정도 잡으면 좋을까요?"

"할 수 있는 만큼 잡으면 되죠."

"벤처캐피털(VC)에서 투자를 받고 싶어서요. 얼마 정도로 하면 벤처캐피털이 좋아할까요? 아무래도 100억원은 넘겨야겠죠?"

스타트업에게 추정재무제표 작성은 곤혹스러운 일이 아닐 수 없다. 다음 달 매출도 가늠이 안 되는데 3년 뒤 매출액을 적으라고 하니 막막한 일이 아닐 수 없다. 그러다 보니 사업계획에 의해서가 아니라 남이 원하는 수준의 답을 찾으려는 경우가 생긴다. 그래서 스타트업 사업계획서의 3년 차 이후는 연매출 100억원에 수렴하는 경우가 대부분이다.

우선 100억원이 왜 모범답안(?)이 됐는지 살펴보자. 벤처캐피털은 말 그대로 벤처기업에 투자하는 투자자다. 일반적으로 '벤처venture'라고 하면 성장성 높은 기술 기반 기업을 의미한다. 따라서 3년 후, 5년 후 일정 수준 이상으로 성장할 수 있는 기업이라야 투자대상이 될 수 있다. 또한 벤처캐피털은 초기 벤처기업인 스타트업에 투자할 때 보통 '스타트업 펀드'를 조성하는데 이 펀드의 존속기간이 7~8년 정도다. 투자금의 회수기간이 정해져 있다는 말이다. 따라서 투자 후 4~5년이 되는 시점에서 스타트업이 주식시장에 상장할 가능성이 보이거나, 성장을 통해 기업가치가 높아져 지분매각 가능성이 높은 곳이어야 한다. 이런 이유에서 수년 내 100억원의 매출이 예상된다면 꽤 괜찮은 투자대상이 될 수 있다. 이런 속도로 성장한다면 상장까지 생각해 볼 수 있기 때문이다. 물론 스타트업의 업종이나 벤처캐피털의 특성에 따라 예상매출액이 적어도 투자자 관점에서 더 높은 성장가능성이 예측된다거나 여러 가지 다른 이유로 투자 검토를 할 수도 있다.

그렇다면 투자를 받기 위해 3년 뒤 예상매출을 100억원 정도로 잡으면 될까? 물론 이를 뒷받침할 수 있는 사업계획이 제시된다면 매력적일 것이다. 하지만 개연성 있는 근거가 제시되지 않는다면 종이 위의 숫자에 불과하고 오히려 터무니없는 사업계획으로 치부될 가능성이 높다. 따라서 실제 실현가능한 예상매출액과 이를 달성할 수 있는 논리와 지금까지의 실행 결과를 제시해야 한다. 투자자들은 사업계획서에 적힌 매출만 검토하는 것이 아니라 시장 크기, 그에 따른 성장성, 글로벌 진출 가능성, 창업팀의 역량 등을 종합적으로 고려해 나름대로의 매출을 추정하기 때문이다.

추정재무제표에 적는 예상매출액은 얼마를 적어도 좋다. 대신 그 논리를 최대한 설득력 있게 제시해야 한다.

피칭의 핵심은
애프터를 받는 것

"왜 스타트업의 피칭pitching은 늘 5분에서 10분입니까? 너무 짧지 않습니까? 제 사업계획을 제대로 소개하려면 한 시간도 부족한데 말이죠."
어느 모임에 나온 스타트업 대표의 불만이었다. 10분 내외로는 제대로 된 사업계획 발표가 어렵다는 것이다.

스타트업 피칭이란 창업자가 투자자들을 대상으로 투자유치를 위해 사업계획을 발표하는 것을 말한다. 일반적으로 스타트업이 투자자들을 앞에 두고 사업계획을 발표하는 형식으로 진행된다. 발표할 스타트업이 열 군데라면 한 시간씩만 잡아도 10시간이다. 그러다 보니 발표를 짧게 진행한다. 투자자 역시 긴 발표를 기대하지 않는다. 시간을 아끼기 위해 우선 요약된 피칭 내용을 들어보고, 여기서 관심 가는 스타트업을 선별한 후 이들과 개별 미팅을 통해 충분한 시간 동안 사업계획에 대해 논의하게 된다.

처음 만난 소개팅 자리에서 자신의 모든 것을 보여줄 수는 없다. 그래서 우선 상대방에게 호감을 주어 애프터(after, 재만남)를 받아내는 게 중요하다. 피칭 역시 마찬가지로 그 자리에서 투자가 확정되는 경우는 거의 없다. 관심을 보이는 투자자로부터 애프터를 받는 것이 우선이다. 그리고 서로를 알아가는 시간을 갖는 것이다. 이 방식이 모두에게 효율적이다.

'엘리베이터 피칭'이란 말을 들어봤을 것이다. (투자자를 엘리베이터에서 만난 것처럼) 짧은 시간 안에 관심을 끌 수 있도록 피칭하는 것을 말한다. 당연히 10분보다 더 짧아야 한다.『캐즘 마케팅』의 저자 제프리 무어가 엘리베이터 피칭을 위해 만든 문장을 살펴보자.

"(고객 니즈)를 가진 (목표고객)을 위해 (기존 대안/경쟁사)과 달리 (핵심효용)을 제공하는 (제품 카테고리)의 (제품/서비스명)입니다."

예를 들면 "(배달음식을 시키려고) 하는 (스마트폰 유저)들이 (음식점 전단지를 못찾거나, 전단지를 버렸거나, 114에 문의하거나, 웹 검색)을 하지 않아도 (인근 배달음식점에 앱으로 주문)할 수 있는 (스마트폰 앱)인 (OOO)입니다." 식이다.

이때 피칭에 포함되어야 할 핵심요소는 첫째 누가 어떤 불편함을 가지고 있는지, 둘째 그 불편함을 해결하기 위해 현재 어떻게 하고 있는지, 셋째 그것을 어떻게 해결하고자 하는지이다. 여기서 공감대 형성이 가장 중요하다.

일반 스타트업 피칭에서도 이 부분은 중요하다. 그리고 시간이 남으면 목표시장, 마케팅, 수익모델, 매출계획, 창업팀 소개 등을 하면 된다. 후반부는 시간이 부족하더라도 앞 부분에서 공감대가 이루어졌다면 투자자가 이것저것 먼저 물어볼 것이다. 그리고 지금 당장 얘기할 시간이 부족하다면 애프터를 신청할 것이다. 그럼, 피칭의 목적은 달성된 것이다.

당신이 투자자라면
무엇을 먼저 볼 것인가

"우리는 사업계획서도 보지만 그것보다는 창업팀이 어떤 사람들인지 더 중요하게 봅니다."

'투자유치를 위한 사업계획서 작성법' 강의를 하는 어느 벤처투자자의 말이다. 스타트업 K대표는 이 대목에서 혼란스러움을 느꼈다. 사업계획서 작성법 강의를 들으러 왔는데 창업팀이 더 중요하다니 당황스러운 일이 아닐 수 없었다. 거기다 창업팀은 무슨 기준으로 본다는 말인가? 대기업 출신, 외국 유학파, 명문대 출신을 선호한다는 말일까?

창업팀이 누구인지 중요하게 본다는 것은 어떤 의미일까? 이 말은 엔젤투자자의 입장에서 보면 쉽게 이해할 수 있다. 우선 스타트업이 무슨 일을 하려고 하는지는 알아야 하니 사업계획서를 보게 될 것이다. 이 중 관심이 가는 사업계획서는 좀 더 자세히 보게 된다. 여기까지는 사업계획서가 살아남아야 하니 잘 쓰는 것이 중요하다. 그럼 투자자는 사업계획서가 좋다고 해서 투자결정을 할 수 있을까? 아니다. 현실은 경쟁사, 기술 변화, 대체재 출연, 법 제도의 변화 등 예측하기 어려운 다양한 변수가 존재한다. 따라서 창업자와 창업팀이 변화하는 환경 속에서 끊임없이 답을 찾아갈 수 있는 학습능력과 인내심이 있는지, 제품을 제대로 만들 역량이 있는지, 열정이 충분한 사람들인지, 투자금을 요령 있게 잘 쓸 수 있는 사람들인지 알아야 한다. 투자를 결혼에 비유하는 투자자가 있을 정도로 사람에 대한 신뢰가 중요한 것이다.

에어비앤비는 창업 초기 사업자금을 조달하기 위해 투숙객용 시리얼을 팔아서 버텼다. 그 이야기를 들은 와이컴비네이터YC의 폴 그레이엄 대표는 '당신네 아이디어는 최악이지만 어찌됐든 죽지는 않겠어'라고 말하며 투자를 단행했다고 한다. 수사적 표현이 들어간 문장이지만 그들의 실행력을 높이 평가한 결과라고 할 수 있다. [34)]

에어비앤비가 버티기 위해 판매한 한정판 시리얼

그렇다면 창업자는 처음 만난 투자자에게 어떻게 신뢰를 줄 수 있을까? 일반적으로는 과거에 성취한 일들이 기본이 될 것이다. 또 투자자가 신뢰할 만한 사람으로부터 소개받고 만나는 것도 방법이다. 아무것도 해당되지 않는다면 한 가지 팁이 있다. 한 번 만난 투자자가 사업에 관심을 보였다면 헤어진 후에도 정기적으로 사업의 성장과정을 공유하는 것이다. 당면한 문제를 해결한 일, 목표 대비 성장률 같은 것 말이다. 이런 과정이 반복되다 보면 투자자는 '이 회사가 계속 성장하고 있구나. 이 팀이 잘하고 있구나. 생각보다 괜찮네' 하는 식으로 인식을 바꾸게 될 것이다. 그리고 투자대상이 될 것 같은 수준에 올라오면 미팅을 요청할 것이고, 투자까지 연결되지는 않더라도 필요한 조언을 얻을 가능성이 높다. 필자 주위에는 이런 노력으로 결국 투자유치에 성공한 스타트업들이 여럿 있다. 스타트업은 끊임없이 도전하고 실행해서 일이 되도록 하는 것 아니겠는가.

크라우드펀딩을
활용하자

한때 〈자신의 아들을 빌 게이츠의 딸과 결혼시키는 방법〉이라는 우스개

가 떠돌았다. 아버지는 먼저 게이츠를 찾아간다.

"당신의 딸과 내 아들을 결혼시킵시다."

게이츠는 관심이 없었다.

"내 아들은 월드뱅크 최고경영자CEO요."

"그래요? 좋습니다."

그 다음 월드뱅크 회장을 찾아간다.

"내 아들을 월드뱅크 CEO로 임명해 주시오."

월드뱅크 회장은 싫다고 했다.

"내 아들은 게이츠의 사위요."

"그래요? 좋소."

됐다. 이제 결혼식 준비만 남았다. 대동강 물을 팔아먹은 봉이 김선달식

방법이다.

1970년대 고(故) 정주영 회장의 조선소 설립 일화도 알고 보면 비슷하다.

정 회장의 목표는 조선업을 일으키는 것이다. 하지만 우리나라에는 조선소도 없고 조선소를 지을 돈도 없고 배를 만들 기술도 없었다. 단지 울산 앞바다에 백사장만 있었을 뿐이다. 정 회장은 우선 자본을 구하기 위해 영국 바클레이스은행에 갔다.

"배 만들 게 돈을 빌려주시오."

"누가 당신에게 배를 주문하겠소?"

"그리스에서 배 두 척을 수주 받아왔소."

"좋소. 빌려주겠소."

그 다음 정 회장은 그리스 해운사 회장을 만난다.

"배를 만들어 주겠소."

"그런 능력이 있소?"

"바클레이스은행에서 우리를 믿고 자금을 주기로 했소."

"좋소."

이렇게 해서 현대중공업은 조선소를 짓고 배를 만들 수 있게 되었다. 물론 이 일화가 이렇게 단순하지는 않았겠지만 맥락은 이해할 수 있을 것이다.

얼마 전 한 창업자가 근거리무선통신(NFC) 모듈을 활용한 팬시상품을 만들겠다고 찾아왔다. 고객은 아이돌 팬클럽 회원들이고 제품을 만들기 위해 연예기획사와 라이선스 계약을 맺을 거라고 했다. 기획사도 좋다고 했단다. 제품이 나오기만 하면 팬클럽 회원들이 앞다퉈 구매할 거라고 했다. 요지는 제품개발을 위해 2,000만원의 투자비가 필요하다는 것이다. 일단 투자금이 있어야 제품을 만들고 기획사에 라이선스비도 줄 수 있는데 그게 없어서 시작할 수 없다는 것이다. 어떻게 해야 할까? 〈내 아들을 빌 게이츠 딸과 결혼시키는 방법〉을 통해 방법을 찾아보자.

우선 연예기획사를 찾아간다.

"내가 당신네 아이돌을 위해 이런 제품을 만들겠소."

"라이선스비를 내시오."

"팔리는 대로 주겠소."

"좋소."

그 다음은 제품 소개를 킥스타터(www.kickstarter.com)·와디즈(www.wadiz.kr)·오픈트레이드(www.opentrade.co.kr) 같은 크라우드펀딩crowd funding 사이트에 올린다. 그리고 팬클럽 회장에게 찾아간다.

"당신들의 스타와 만날 수 있는 제품이오."

"제품이 나왔소?"

"크라우드펀딩 사이트에서 볼 수 있소. 한정판이니 지금 신청하시오."

"알겠소. 회원들에게 알리겠소."

창업자가 생각한 대로 이들이 좋아할 만한 제품이라면 주문이 들어올 것이다. 그럼 그 돈으로 만들면 된다. 주문이 들어오지 않았다면 창업자의 생각이 틀린 것이다. 그런데 오히려 다행이다. 안 만들면 되니까! 괜히 돈 들여 만들었다가 쫄딱 망할 수 있다.

투자 받을 때까지
살아남아라

현재 기업가치가 300억달러에 달하는 유니콘 기업(기업가치가 10억달러 이상인 스타트업을 전설 속의 동물인 유니콘에 비유)이 있다. 2017년 매출은 26억달러를 기록했고 지금도 빠르게 성장하고 있다. 이 스타트업이 궤도에 오르게 된 것은 지난 2009년 한 투자사로부터 6%의 지분을 2만달러에 투자받으면서다. 당시 기업가치는 30만달러 정도였는데, 이후 지속적인 투자유치를 통해 2017년에는 1만 배가 넘는 300억달러로 늘어났다. 놀라운 성장이다. 이 정도의 성장을 보여줄 스타트업이라면 사업 초기부터 투자유치에 별다른 어려움이 없지 않았을까?

하지만 현실은 그렇지 않았다. 창업 초기 이들에게 관심을 주는 투자자가 없었다. 창업자들은 아파트 월세조차 내기 어려운 상황이었고, 회사 운영비를 신용카드로 돌려막으며 근근이 살았고 과자를 팔아서 카드 빚을 갚기도 했다. 투자를 받기 위해 노력도 했다. 알음알음으로 20여 명의 투자자

연락처를 구했으나 열 군데와는 미팅 약속을 잡지 못해 만나지도 못했고 미팅을 한 모든 곳에서도 거절당했다. 심지어 카페에서 만난 어떤 투자자는 음료를 마시다 말고 조용히 나간 후 돌아오지 않았다고 한다.

세계 최대의 숙박공유 플랫폼 에어비앤비 이야기다. 많은 투자자가 복권 같은 기업을 알아보지 못한 것이다. 그런데 이런 일은 초기 스타트업에 흔히 생기는 일이다. 스타트업의 미래를 판단하는 게 쉬운 일이 아니기 때문이다. 에어비앤비가 초기투자를 받을 수 있었던 이유를 통해 교훈을 얻어보자.

첫째, 일단 살아남아야 한다. 최초의 에어비앤비 투자자는 YC(와이콤비네이터)의 폴 그레이엄이었다. 그는 창업자들이 과자(정확히는 시리얼)를 팔아버렸다는 이야기를 들으며 '바퀴벌레 같은 생명력을 가졌다'고 했다. 후에 폴은 '사람들에게 5달러짜리 시리얼을 40달러에 사도록 설득할 수 있었다면 모르는 사람의 집에서 잘 수 있도록 설득할 수 있을 것'이라고 생각했다고 한다. 창업자들의 근성을 본 것이다.

둘째, 사람들과 신뢰를 만들어 간다. 에어비앤비를 YC에 추천한 사람은 마이클 세이벨Michael Seibel이라는 사람이다. 창업자들을 옆에서 쭉 지켜봐 왔고 믿을 수 있다고 생각했기 때문이다. 창업자들은 YC에 머무는 동안 폴에게 배운 것을 빠르게 실행하며 목표를 달성하고 결과를 공유했다. 폴은 그들을 신뢰할 수 있게 됐으며 다른 투자자들에게 이들을 소개했다. 신규투자자들은 에어비앤비의 비즈니스모델에 폴의 신뢰가 더해져 투자를 결정하게 됐다. 신뢰가 투자로 이어지는 것이다.

셋째, 적합한 투자자를 만날 때까지 시도한다. 아무리 사업전망이 밝다고 하더라도 투자자가 그 산업을 잘 모를 수 있다. 투자자들도 자신이 잘 아는 분야, 관심 분야가 있기 마련이다. 그런 게 잘 맞지 않으면 투자가 이루어지기 힘들다. 에어비앤비의 두 번째 투자자인 세쿼이아의 그렉 맥아두Greg McAdoo는 휴가와 숙박산업을 깊이 있게 연구한 사람이었다. 에어비앤비의 사업 가능성을 한눈에 알아봤고 창업자들에게 자신의 인사이트까지 공유해줬다. 이런 투자자를 만나야 한다. 그러기 위해서는 다양한 분야의 여러 사람을 만나야 할 것이다.

산업에 대해 이해할 수 있는 투자자를 만나는 것은 매우 중요하다. 다만, 이때 창업자의 비즈니스모델 역시 그에 걸맞게 발전되어 있어야 한다. 초기 에어비앤비는 주로 큰 행사가 있는 지역을 다니며 숙박공유를 진행했다. 비즈니스모델이 검증되기 전이었다. 이때 만난 투자자들은 모두 투자를 거절했다. 그런데 YC에서 비즈니스모델을 검증한 뒤부터 비로소 투자가 이루어졌다. 산업을 이해할 수 있는 투자자를 만나는 것도 중요하지만 비즈니스모델도 준비되어 있어야 한다.

CHAPTER 8

잘 팔아야 한다

마케팅

소비자 행동 패턴을
눈여겨 보라

"저거 사야겠다."

어느 주말 서재에서 강의 준비를 하고 있는데 TV홈쇼핑 채널을 보던 이내가 소리쳤다. 그리고 다시 조용해졌다. 저녁 식사를 하며 넌지시 물어봤다.

"아까 홈쇼핑에서 필요한 제품이 나왔어요? 주문했어요?"

아내는 고개를 저었다. 평소에 찾던 용도의 청소도구였는데 구매 직전에 포기했다고 한다. 왜 그랬냐고 물었다. 구매 버튼을 누르기 직전, 정말 괜찮은 제품인지 확인하고 싶어 인터넷 검색을 했다고 한다. 조회 수가 높고 댓글이 많이 달린 블로그 글을 찾았는데 대상 제품의 문제에 대처하는 회사 측의 문제점이 올라와 있었다고 한다. 제품을 처음 사용하자마자 문제가 생겨 회사에 문의를 했더니 고객 과실이라며 수리나 교환이 불가능하다는 회신을 받았다고 한다. 블로거는 그렇지 않다는 것을 입증하려는 듯 사용 후기를 사진과 함께 꼼꼼히 정리해 놓았다. 이대로라면 확실히 제조사에 문제가 있어 보였다. 많은 댓글이 달려 있었고 많은 사람이 감사 인사를 남겼다. '하마터면 구입할 뻔 했어요'라고….

회사가 고객 문의에 대해 보다 진지하게 대처했으면 어땠을까?

유명한 소비자행동모형의 하나로 AIDMA 모델이 있다. 1920년대 롤랜드 홀Roland Hall, 박사가 제시한 모델로, 소비자가 제품을 인지해 구매에 이르기까지의 핵심과정을 보여주고 있다. 여기서 AIDMA는 주목(Attention)-흥미(Interest)-욕구(Desire)-기억(Memory)-행동(Action)의 앞글자를 딴 것이다.

| AIDMA 모델 |

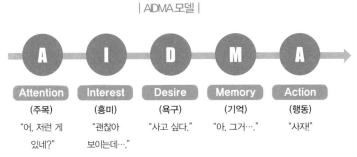

출처 : Roland Hall in around(1920)

일반적으로 소비자는 제품의 광고를 보고(주목) 흥미를 느끼면(흥미) 구매하고 싶은 생각이 들고(욕구) 그 제품을 기억해 놓았다가(기억) 매장에서 구매한다(행동)는 것이다. 따라서 기업은 각 단계에서 자사 제품이 구매에 이르도록 마케팅전략을 수립해 실행하게 된다. 그런데 인터넷 사용이 활발해지면서 이 모형이 달라지기 시작했다. 일본의 광고회사 덴츠Dentsu는 현재의 소비자행동에 맞게 AISAS 모델을 제시했다. AISAS는 주목(Attention)-흥미(Interest)-검색(Search)-행동(Action)-공유(Share)의 첫 글자다.

| AISAS 모델 |

A **I** **S** **A** **S**

Attention **Interest** **Search** **Action** **Share**
(주목) (흥미) (검색) (행동) (공유)
"어, 저런 게 "괜찮아 "어떤지 좀 "사자!" "어때?
있네?" 보이는데…." 찾아보자." 쿨하지!"

출처: 일본 Dentsu사(2005)

소비자가 제품 정보를 접하고(주목) 흥미를 느끼는(흥미) 것까지는 기존 모델과 동일하다. 그런데 AIDMA와 다른 점은 흥미를 느낀 소비자들이 인터넷에서 정보 수집(검색)을 한다는 것이다. 다른 사람들이 써놓은 후기나 비교 글을 보며 결정적인 구매의사결정을 하는 것이다. 이 과정에서 구매의사가 확정되면 곧바로 (많은 경우 인터넷을 통해) 구매(행동)하게 된다. 그런데 이게 끝이 아니다. 다수의 소비자가 제품 구매에 대한 후기를 남긴다(정보 공유). 현대 소비자는 정보 수집을 통해 구매의사를 결정하고 구매 후에는 정보 공유를 통해 다른 사람들의 정보 수집을 가능하게 하는 것이다.

앞서 사례로 든 청소도구회사는 TV홈쇼핑을 통한 노출에만 신경 쓸 게 아니라 소비자의 행동패턴을 고려했어야 했다. 소비자들은 구매의사결정을 회사가 제시한 정보뿐 아니라 다른 사람들의 평가를 통해 보다 결정적인 의사결정을 하기 때문이다.

제품 판매가 진행 중이라면 AISAS 모델의 각 항목을 단계별로 나누어 자사의 마케팅전략이 효율적으로 수립되어 진행되고 있는지 살펴보면 좋을 듯하다.

적당한 제품으로
막연히 시작하지 마라

"어떻게 하면 유통채널을 만들 수 있을까요?"

스마트폰 짐벌gimbal을 시장에 내놓은 스타트업 대표의 질문이었다. 짐벌은 스마트폰으로 영상을 촬영할 때 흔들림을 방지하는 기기다. 겉보기에는 단순하지만 개발을 위해서는 상당히 미세한 공정이 필요하다. 최근에는 다양한 기능과 가격대의 제품들이 나와 있는데 이 이야기를 나눴던 때는 서너 가지 모델만 출시된 상황이었다. 이런 정교한 제품을 설명서와 패키지까지 만들어 시장에 내놓았다는 것은 그 자체만으로도 대단한 일이다. 부품 조달과 조립을 중국에서 진행하며, 10개월간 중국을 내 집처럼 드나들었다고 한다.

"시중에 여러 종류의 제품이 나와 있잖아요? 우리 제품은 누구를 대상으로 하고 있나요?"

"현재 시장에서는 고가 제품이 주로 팔리고 있는데요. 저희는 한두 가지

기능을 빼서 원가를 낮췄어요. 좀 더 저렴한 짐벌을 공급하는 게 목적이죠."

"가성비가 핵심인가 보네요. 그런데 가성비로는 중국 제품들이 자리잡기 시작하는 것 같던데…."

여기서 의외의 이야기가 나왔다.

"세상에 1등 제품만 잘 팔리는 건 아니라고 생각해요. 2등, 3등 제품도 팔리는 거니까. 나이키가 1등이지만 아디다스도, 언더아머도, 리복도 팔리잖아요. 그러니까 유통망만 잘 만들면…."

그건 그렇다. 1등 제품만이 아니라 2등, 3등 제품도 팔린다. 하지만 놓치고 있는 게 있다. 우리는 아직 2등, 3등이 아니라는 점이다. 예로 든 스포츠웨어 브랜드들을 보자. 이들은 이미 브랜드 인지도와 선호도를 가지고 있기 때문에 만들기만 하면 어느 정도 팔릴 것이다. 하지만 창업 초기에도 그랬을까? 그럴 리 없다.

1920년대 운동선수들은 달리다가 멈추는 시점에서 발가락이나 발톱이 꺾이는 고통을 느꼈다고 한다. 운동화에 불편이 있었던 것이다. 이 문제를 해결하기 위해 운동화 밑에 스파이크를 만든 게 아디다스였고, 이것이 성장의 발판이 되었다. 한참 뒤 나이키는 와플 굽는 기계에서 아이디어를 얻어 미끄럼 방지 패턴이 들어간 운동화 밑창을 만들었는데, 기존 운동화에 비해 훨씬 가볍고 미끄럼 방지와 추진력이 향상되며 급성장했다. 리복은 설립된지는 오래됐지만 두각을 나타내지 못하다 1980년대 미국의 에어로빅 붐에 맞춰 여성에게 최적화된 운동화를 내놓으며 크게 히트를 치게 된

출처 : 언더아머 홈페이지

언더아머의 초기 프로토타입 셔츠

다. 1996년 설립된 언더아머는 운동선수들이 땀을 흘려 셔츠가 젖는 것이 경기력 저하의 원인이 된다는 것을 확인하고 땀이 쉽게 마르는 기능성 의류를 만들어 성장했다. 이렇듯 큰 회사들도 창업 초기에는 명확히 차별화된 경쟁우위를 가지고 시작했다. 적당히 제품을 만들어 성장한 게 아니라는 것이다.

적당한 가성비만으로 팔릴 것이라는 것은 너무 순진한 생각이다. 고객을 명확히 하고 그들의 니즈를 만족시킬 날카로운 무언가를 만들고 이에 집중할 때에만 경쟁력을 갖게 될 것이다. 유통채널의 문제가 아닌 것이다.

경쟁사는
고객이 결정한다

"손으로 문지르면 충전이 가능한 스마트폰 케이스를 사업화하려고 합니다."

"혁신적이네요. 경쟁사가 있나요?"

"이런 종류의 충전기는 아직 시중에 없습니다. 사실상 경쟁사가 없는 거죠."

보통 사업계획서에 경쟁사분석이 안 되어 있으면 창업자가 사업환경을 제대로 인지하지 못하는 것으로 생각한다. '기존에 없던 혁신적인 제품이니 경쟁사가 없는 게 당연한 것 아닙니까'라며 억울해할 수도 있다. 하지만 경쟁사가 없다는 것은 자신만의 생각일 가능성이 높다. 동일한 제품군에서 경쟁사를 찾으려고 하니 안 보이는 것이다. 고객 입장에서 생각해 볼 필요가 있다. 다음과 같은 순서로 살펴보자.

첫째, 핵심고객과 고객이 가진 문제를 구체화한다. 예시로 다룬 자체 충전 폰케이스의 경우 외근이 많은 영업직이 대상이라고 한다. 이들은 업무상 통화량이 많아 스마트폰 배터리 소모에 많은 불편을 느끼고 있다고 봤다.

둘째, 고객문제 대안을 살펴본다. 사람들은 문제에 대한 불편이 크면 클수록 대안을 가지고 있을 가능성이 높다. 스마트폰 배터리에 불편을 가지고 있다면 보조배터리, 노트북을 통한 충전, 태양광 충전케이스, 차량용 충전기 등을 이용하고 있을 것이다. 정말 그런지, 어떤 대안을 많이 활용하는지는 대상고객에게 직접 확인해 봐야 한다. 여기서 나온 대안의 우선순위가 스타트업이 고려해야 할 경쟁사가 되는 것이다.

셋째, 대안과 솔루션을 비교해 본다. 고객들이 많이 활용하는 문제 대안의 가격, 소요시간, 이용과정에서의 장단점 등을 확인한다. 그 다음은 창업자의 솔루션과 비교해 본다. 기존 대안보다 가격이 낮거나 훨씬 편리하거나 시간을 줄여주거나 하는 차별점이 나타나야 한다. 가령 기존 스마트폰 보조배터리는 매번 충전을 시켜놓아야 하는데 자체 충전 폰케이스는 그런 번거로움 없이도 보조배터리의 성능을 대체할 수 있다면 확실히 경쟁우위 요소가 있다고 할 수 있다. 이렇게 고객 입장에서 불편 해소를 위한 문제 대안을 찾으면 그것이 경쟁사가 되고, 그 대안보다 더 나은 대안이라면 확실한 솔루션이 될 것이다. 이것이 바로 경쟁사분석의 목적이자 요령이라고 할 수 있다.

얼마 전 우리나라에 들어오는 해외 여행객들에게 실질적인 자유여행 정보를 제공하겠다는 스타트업이 있었다. 이 회사는 한국관광공사의 영문 정보 페이지나 국내에 오픈된 외국인 여행객 대상 웹·앱 서비스들을 경쟁사로 제시하며 경쟁우위를 강조하고 있었다. 전형적인 기업 입장의 분석이 아닌가 싶다. 고객 입장에서 대안을 살폈다면 아마도 글로벌 여행정보 사이트, 자국 검색 포털서비스, 해당 국가의 블로그가 경쟁사가 될 가능성이 크다. 그렇다면 고객 입장에서 이들보다 더 좋은 솔루션을 만들든지, 이들이 제대로 해결해 주지 못하는 문제를 재설정하든지 해야 할 것이다. 고객 관점에서 경쟁사분석이 이루어져야 하는 이유다.

스타트업은
경쟁사와 싸우지 않는다

"대형 포털이 시장에 들어오면 어떻게 하겠습니까?"

"그런 류의 제품을 중국 기업이 만들면 어떻게 하시겠어요?"

투자자가 자주 하는 대답하기 어려운 질문들이다. 어떻게 대답해야 할까? 시장이 크지 않기 때문에 그들이 관심 갖지 않을 것이라고 해야 할까? 아니면 우리 기술력이 뛰어나기 때문에 이길 수 있다고 해야 할까? 이런 일이 생기기 전에 어떤 준비를 해야 할지 몇 가지를 먼저 생각해 보자.

첫째, 우선 사업 아이디어의 경쟁사 모방 가능성에 대해 생각해 보고, 그 방법을 강구해야 할 것이다. 보통은 기술특허, 디자인특허 등을 통해 법적 보호를 받고자 한다. 남들이 쉽게 따라할 수 없는 획기적인 기술이 핵심이라면 매우 유리할 것이다. 간혹 쉽게 모방할 수 있는 사업 아이디어도 있다. 이런 경우 향후 유사제품이 나온다는 것을 전제로 마케팅, 영업, 유통채널, 네트워크 효과 등으로 경쟁력을 가져갈 수 있는지 진지하게 생각해 봐야 한다. 경쟁사가 시장에 진입할 경우 어떻게 하겠느냐는 질문은 주로 이럴 때 나오기 때문이다.

둘째, 초기 목표고객군을 명확히 하고 그들이 우리 회사의 팬이 되도록 만들어야 한다. 이 명제는 경쟁상황과 상관없이 스타트업 성장의 핵심원리다. 그렇게 하기 위해서는 초기 목표고객군의 크기가 작더라도 우리 제품을 가장 효과적으로 사용할 만한 대상을 확보해야 한다. 고객군이 너무 넓어지면 그들의 요구를 모두 반영하기 어렵고 그저 그런 상품이 될 가능성이 크기 때문이다. 가령 통풍이 잘되는 특수 소재의 양말을 만들었는데 일반 양말 가격의 두 배로 팔아야 한다고 해보자. 목표고객을 30~40대로 한다면 일반인보다는 무좀 환자를 목표로 하는 경우 가격이 조금 높더라도 통풍 효과가 확실하다면 이 양말을 좋아할 것이다. 최소한 무좀 환자 양말 시장에서는 경쟁사가 들어오기 힘들 것이다.

셋째, 고객에게 집중하고 매주 성장해야 한다. 이 과정을 통해 핵심고객층을 지속적으로 넓혀나가는 것이다. 매주 충분히 성장하지 못한다면 고객에게 집중하지 못했다는 증거다. 혹시 회사가 조금씩 알려지기 시작하면서 외부 강연이나 친목 모임에 시간을 쏟고 있는 것은 아닌지, 고객 만족이 아닌 규모 확장에만 관심을 가지고 있는 것은 아닌지 생각해 보자. 대규모 경쟁사가 언제 들어올지 모르는데 다른 데 신경 쓸 겨를이 있을까? 오직 고객에게만 집중하고 성장할 방법을 찾아야 할 것이다.

이 세 가지가 맞물려 돌아가면 시간은 우리 편이 될 것이다. 우리가 꾸준히 성장할수록 경쟁사는 우리 고객들을 피해 들어올 가능성이 커진다. 사업은 결국 경쟁사와의 싸움이 아니라 고객과의 관계에 있는 것이다.[35]

시장확장,
MECE를 이용하라

'세상은 아이스크림을 좋아하는 사람과 그렇지 않은 사람으로 나누어 진다.' 그렇다. 아이스크림 선호도로 세상 사람을 나눈다면 이렇게 나누어질 것이다. 그렇다면 '세상에는 아이스크림을 좋아하는 사람과 수박을 좋아하는 사람으로 나누어진다'는 어떨까? 이 경우에는 아이스크림과 수박을 모두 좋아하는 사람들이 중복될 수 있고 둘 다 싫어하는 사람이 있을 테니 적합한 구분이라고 보기 어렵다.

'미씨(MECE : Mutually Exclusive Collectively Exhaustive)'라는 용어를 살펴보자. 이 단어는 컨설팅회사에서 많이 사용하는데, 한글로 풀어쓰면 '상호배타적이며 전체를 포괄할 수 있는' 정도의 의미를 가진다. '아이스크림을 좋아하는 사람과 그렇지 않은 사람으로 나눈다'는 문장은 두 부류에 모두 겹치는 사람이 없고(상호배타적) 어떤 사람이든 두 부류 중 한 부류에는 속하게 된다(전체포괄). 그렇기 때문에 미씨한 구분이라고 할 수 있다. 이 개념은 새로운 시장을 찾을 때 요긴하다.

패스트푸드점을 예로 들어보자. '우리의 고객은 매장에 찾아오는 고객과 그렇지 않은 고객으로 나누어진다.' 그럼, 찾아오지 않는 사람들을 고객으로 만들려면 어떤 방법이 있을까? 배달서비스를 생각해 볼 수 있을 것이다. 이번에는 방문하는 방식으로 구분해 보자. 매장에 찾아오는 고객은 걸어서 오는 사람과 그렇지 않은 사람으로 나눌 수 있다. 그렇지 않은 사람들의 대부분은 운전자일 것이다. 이들을 위해 드라이브 스루(차에 탄 채로 이용할 수 있는) 서비스를 제공해 고객군을 넓힐 수 있을 것이다.

창업 아이디어에도 활용할 만하다. 서울 시내의 택배서비스를 생각해 보자. 고객이 물건을 보낼 때 주로 선택하는 방식은 오토바이 퀵서비스와 우체국이나 택배회사를 통한 택배서비스가 있다. 그럼, 여기서 배송시간을 기준으로 우선 존재하는 서비스를 생각해 보자. 오토바이 퀵서비스는 한두 시간 내 배송이 가능하고, 우체국이나 택배회사를 이용하면 보통 하루이틀이 걸린다. 당일 배송은 어렵다. 이를 미씨하게 생각해 보면 비어 있는 공간이 보일 것이다. 오토바이 퀵서비스보다 더 빠른 배송이 가능한 한 시간 이내의 서비스 영역, 오토바이 퀵서비스보다는 시간이 걸리지만 당일 배송이 가능한 서비스 영역이다.

얼마 전 W라는 스타트업은 후자에 대한 고객 니즈를 확인하고 '오도바이 퀵서비스의 3분의 1 가격에 당일 퀵서비스' 사업을 시작했다. W사는 가격을 낮추기 위해 인건비를 낮추는 방식이 아니라 배송체계를 혁신적으로 바꿨다. 국제화물서비스업체 페덱스가 처음 도입한 개념인 허브앤스포크Hub & Spoke 방식을 퀵서비스에 도입한 것이다. 배달물품을 고객 간에 직접 연결해 주는 게 아니라 개별 물량을 거점지역hub에 집중시킨 후 다시 지역별 거점hub으로 옮긴 다음 개별배송spoke을 하는 방식이다.

이렇게 고객을 미씨 방식(상호배타·전체포괄)으로 나눠보면 새로운 시장 기회를 찾는 아이디어로 활용이 가능하다.

One more 여기서 말한 W사는 원더스라는 스타트업이다. 2014년 설립해 허브앤스포크 방식을 도입, 서울 전역 3시간 이내 5,000원을 표방하고 서비스를 론칭했다. 2018년까지 76억원의 외부투자를 유치하며 빠른 성장을 진행했지만 원더스는 2018년 상반기 이 서비스를 종료했다. 하루 2,500개 이상의 물량을 확보해야 손익분기점을 넘길 수 있는데, 2017년 말 기준 2,000개 정도밖에 목표물량을 채울 수 없었다. 그런데 B2B 고객이었던 휴대폰 온라인 판매시장에서 또 다른 기회를 찾게 되었다. 이동통신사에서는 자사의 온라인몰에서 휴대폰을 판매하고 있었는데, '개통'과 '데이터 이전' 문제로 온라인 판매에 어려움을 겪고 있었다. 원더스는 이러한 이동통신사의 고민을 해결해 줄 수 있었다. 원더스가 보유한 핵심역량을 이용하면 이통사 온라인몰에서 구매한 고객에게 당일 휴대폰 배송이 가능했고 배송과 함께 '개통'과 '데이터 이전' 서비스도 가능했다. 이 서비스는 또 과거 5,000원 단일가 퀵서비스에 비해 몇 배 이상의 요금을 받을 수 있었다. 통신사 입장에서는 대리점에서 휴대폰을 판매하는 경우 건당 20만원 정도의 판매수수료가 지급되었는데, 직접 판매를 함으로서 이 비용을 줄일 수 있었다. 향후 원더스의 서비스가 어떻게 발전할 것인지 궁금해진다. [36]

가격, 고객 입장에서
결정하라

"혁신제품을 출시한다면 가격을 어떻게 설정하면 좋을까요?"

경영학 수업에서 교수가 질문을 했다.

"원가에 적절한 이윤을 붙이는 것입니다."

가격 설정의 가장 기본적인 방법이다. 생산자 입장에서 볼 때 안정적이고 만족스러울 것이다. 그렇다면 얼마의 이윤이 적절할까?

"높은 이윤을 붙여서 고가전략으로 가는 것입니다."

이 경우는 이익이 많아서 좋기는 한데 잘 팔릴 수 있을지가 걱정이다.

"최소한의 이윤을 붙여 저가진략으로 가고 시장을 장악한 다음 가격을 올리는 것입니다."

좀 더 전략적으로 보인다. 하지만 애초에 원가가 높으면 최소한의 이윤을 붙여도 저가전략이 불가능할 수 있다. 좀 더 근본적인 문제점은 원가 산정의 어려움이다. 연구개발R&D 등 간접비에 많은 비용이 투입된 제품들은 단위당 원가를 계산하기 어려운 경우가 많다.

그래서 가격 설정시 사용하는 또 하나의 방법은 경쟁제품과 비교하는 것이다. 경쟁제품의 인지도·품질·성능·디자인 등을 자사 제품과 비교해 설정하는 것으로, 어찌 보면 가장 쉬운 방법이다. 다만 혁신제품이라고 하니 경쟁제품이 없는 경우를 생각해 보자.

"고객에게 물어보는 것입니다."

고객지향적인 답변이다. 이 경우 대부분 '얼마면 구입하시겠습니까?'라고 묻는다. 문제는 어떻게 물어보느냐에 따라 결과의 편차가 크다는 점이다. 면대면으로 물어보면 고객이 자기 체면을 위해 높은 가격을 말할 가능성이 높고, 설문을 하면 낮은 가격에 체크할 가능성이 높다. 또 제품의 설명 방식, 기능 소개 등에 따라 희망가격이 달라진다는 연구도 있다. 그렇다 보니 답은 쉽게 나와도 의구심이 든다.

이왕 고객에게 물어본다면 고객가치에 기반한 설정방법을 알아보자. 혁신적인 제품은 주로 고객이 가지고 있는 불편함을 해소해 주는 솔루션인 경우가 많다. 그렇다면 고객들은 혁신제품을 활용하기 전까지 무언가 불편한 방법으로 문제를 해결하고 있었을 것이다. 그것과 비교해 나은 가격을 찾는 것이다.

㈜푸른밤은 자영업 매장의 출퇴근관리 솔루션인 '알밤'을 개발했다. 알밤 역시 가격 설정이 어려웠다. 우선 매장 점주들이 기존 출퇴근관리를 어떻게 해왔는지, 불편한 점이 없었는지부터 확인했다. 대부분 종이에 적고 나중에 합산해 세무대리인에게 보내 정산하고 있었다. 급여명세서

를 만드는 것도 귀찮은 일이었다. 점주가 이 일에 소비하는 시간은 한 달 평균 3~4시간 정도라고 한다. 인건비 기준으로 보면 3~4만원 수준이다. 푸른밤은 자동 출퇴근관리에 자동 급여 계산, 4대보험 계산, 세무대리인 연계, 급여명세서 등을 스마트폰으로 할 수 있는 솔루션을 내놨다. 더 많은 일을 자동으로 해주며 가격은 기존 소요 인건비보다 낮게 책정했다. 고객가치 기반 가격설정의 사례다.

원가가 얼마라서 가격이 이렇다는 것은 생산자 입장이다. 이보다는 고객에게 줄 수 있는 가치를 설명하고 고객에게 이익이 되는 가격을 제시한다면 설득력을 높일 수 있을 것이다.

출퇴근부터 급여자동 계산까지, ㈜푸른밤의 일밤 서비스 요금제

가격 차별화로 더 많은 고객을 만족시켜라

'제주항공권 15,900원 초특가 판매.'

항공사에서는 최근 이런 이벤트를 인터넷에서 자주 진행한다. 파격적인 가격이 아닐 수 없다. 탑승일이 주로 평일이기는 하지만 행사가 시작되면 빠른 속도로 판매가 이뤄진다. 이때 여행계획이 있던 고객들도 있지만 이 기회에 여행계획을 세우는 고객들도 있다.

티웨이항공의 할인항공권

그런데 항공사는 이 가격에 팔아도 이익이 나는 걸까? 당연히 아니다. 그럼, 이익이 나지 않는다면 손해를 보며 파는 것일까? 손해라고 할 수도 없다. 이게 무슨 말인가?

　　항공사는 정해진 시간에 비행기를 운행해야 한다. 하지만 비수기 평일에는 빈 좌석이 많이 생긴다. 항공사 입장에서는 할인을 해서라도 좌석을 채우는 게 효율적이다. 승객 한 명을 더 태워도 추가 비용이 거의 들지 않기 때문이다. 숫자로 살펴보자. 항공사마다 차이가 있기는 하지만 서울-제주행 비행기를 한 번 띄우는 데 들어가는 원가는 900만원 내외라고 한다. 180석을 기준으로 하면 좌석당 5만원 수준에서 손익분기를 맞출 수 있다. 극단적으로 가정해서 아무도 타지 않으면 900만원 손실인데 15,900원짜리 티켓 100장을 판매한다면 매출 159만원이 발생, 그만큼 손실을 줄일 수 있게 된다. 그래서 일단 이렇게 초특가항공권을 판매하고 난 후 좌석가격을 순차적으로 인상, 판매해 손익분기에 다가가는 것이다. 뿐만 아니라 신규고객 확보와 광고효과를 덤으로 얻을 수 있다. 기업과 고객 모두에게 효용을 주는 방법이라고 할 수 있겠다.

　　가격 차별화의 일반적인 정의는 동일 상품에 대해 별개의 가격이 책정되는 것을 말한다. 그렇다면 기업 입장에서는 왜 가격 차별화를 고려해야 할까? 기업이 제품가격을 1,000원으로 책정했을 때 100명의 수요가 생긴다고 가정해 보자. 이때 가격을 900원으로 낮추면 수요가 늘어 110명이 된다고 한다. 추가된 10명(A)은 1,000원에는 구입하지 않지만 900원에는 구입하겠다는 사람들이다. 원가가 900원 미만이라면 기업은 새로운 수요자 10명에게만 900원에 팔고 싶을 것이다. 반대의 경우도 있다. 처음 100명의 수요자 중에는 1,000원이 아니라 1,100원에도 구매하고자 하는 사람들이 섞여 있을 것이다. 이들(B)을 골라내 1,100원에 팔 수 있다면 좋지 않을까? 이렇게만 할 수 있다면 수익을 늘리는 데 큰 도움이 될 것이다.

| 가격 차별화를 통한 추가 매출 확보(A와 B는 추가 매출이 된다) |

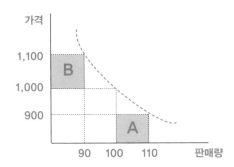

문제는 어떻게 동일 제품을 고객에 따라 다르게 판매할 수 있냐는 것이다. 또 그것이 공정한지노 생각해 봐야 한다. 현실적으로 동일 제품을 고객마다 다른 가격에 파는 일은 쉽지 않다. 자신만 비싸게 구매했다고 느끼는 고객이 있다면 속았다는 생각이 들 것이다. 하지만 정말 모든 제품이 동일하기는 한 것일까? 고객 입장에서 생각해 보자. 앞에서 소개한 15,900원짜리 초특가항공권과 당일 구입하는 서너 배 비싼 항공권은 동일 제품이었을까? 초특가항공권은 일반인들이 선호하지 않는 시간대에 이용가능하며 두 달 전에 선착순으로 구입한 항공권이다. 당일 항공권과 가격이 같다면 그게 더 이상한 게 아닐까?

이처럼 우리 주변에는 이미 다양한 가격 차별화가 진행되고 있다.

One more 수요곡선을 보자. 가격이 P_0으로 책정되어 있다면 예상매출은 회색 사각형 넓이 만큼 될 것이다. 그런데 더 높은 가격인 P_1에도 구매할 고객이 있고, 낮은 가격인 P_2가 되면 구매하지 않으려던 고객도 상품 구입이 예상된다. 따라서 각 가격에 구매하려는 고객을 잘 골라낼 수만 있다면 더 많은 매출을 만들 수 있게 된다.

P_0 가격에서 바지를 파는 기업을 생각해 보자. 해당 제품을 어느 정도 판매한 후에 할인행사를 통해 P_2 가격에 판매한다면 원래 정가가 비싸다고 생각해 구입하지 않았던 새로운 고객들도 구입이 가능해진다. 의류 같은 경우는 실제로 높은 가격

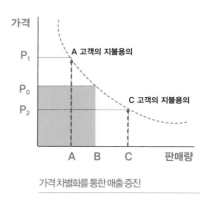

가격차별화를 통한 매출 증진

에서 시작해 순차적인 할인행사와 상설할인매장까지 시기에 따라 가격을 내리는 방법으로 매출 크기를 늘리고 있다.

P_0 가격에서 자유이용권을 판매하고 있는 놀이동산이 있다. 알다시피 자유이용권을 구매해도 길게 줄을 서야 하는 게 일반적이다. 그런데 해외에서 여행을 온 관광객은 돈을 더 주더라도 줄 서는 시간을 아끼고 싶을 것이다. 이들을 위해 1회에 한 해 줄 서지 않고 놀이기구를 탈 수 있도록 하는 P_1 가격의 자유이용권을 만들어 매출을 늘릴 수도 있을 것이다.

이처럼 가격 차별화를 통해 제품 구성을 조금만 변경하면 더 많은 고객에게 원하는 것을 제공하면서 매출을 높일 수 있게 된다.

새로운 수요를 만드는
가격전략 팁

가끔 대형마트에 가면 원플러스원(1+1) 행사를 본다. 해당 제품을 사려고 했거나 가격 때문에 망설였던 고객이 있다면 이번 기회를 놓치지 않고 구매에 나설 것이다. 반값에 있다는 뿌듯함과 함께! 그런데 제조사는 반값에 팔아도 괜찮은 걸까? 제품에 따라 다르기는 하지만 제조사가 손해를 보는 경우는 드물다. 제품가격이 1만원이고 매출원가가 2,000원, 유통수수료가 4,000원이라고 해보자. 제품 하나를 팔면 4,000원의 이익이 나오는 구조다. 이때 원플러스원 판매는 1만원에 제품 두 개를 주는 것이므로 매출원가는 4,000원이 된다. 유통수수료는 동일하고 원가만 올라갔으므로 매출이익이 4,000원에서 2,000원으로 줄어든다. 매출이익이 절반으로 줄어 손해처럼 보이지만 여전히 2,000원이 이익이다. 그리고 이 행사를 통해 판매량을 두 배 이상 늘릴 수 있다면 기존보다 더 많은 이익을 낼 수 있게 되는 것이다.

번들링 상품의 예

이런 가격 구성을 묶음판매 혹은 번들링bundling이라고 한다. 보통 신제품 홍보 및 판촉을 위해 진행하지만 신제품 출시에 대비해 기존 재고의 빠른 소진을 위해 사용할 때도 있다. 또 잘 팔리는 초코맛 과자와 안 팔리는 양파맛 과자를 번들링해서 안 팔리는 양파맛 재고를 소진시킬 수 있다. 이때 양파맛을 먹어본 고객들이 만족스러워하면 새로운 수요를 창출할 수도 있다. '하나 더 사면 두 번째는 반값' 같은 경우도 있는데 이때 고객은 하나만 사면 손해인 것 같아 하나를 더 구매하는 경우가 많다. 이런 경우 제조사는 하나를 팔면 좋고 두 개를 팔면 더 좋다. 앞에서 설명한 제품의 원가구조를 적용해 보면 확실히 그렇다.

이처럼 가격정책은 기업의 이익구조에 가장 직접적으로 영향을 주며, 목적에 따라 다양한 방법이 가능하다.

첫째, 더 높은 가격을 통해 이익률을 높이는 전략이다. 고객 선호 차이에 의한 경우와 추가기능 제공을 통한 경우로 나눌 수 있다. 동일한 크기의 객실이라도 고객 선호도가 높은 바다 전망 객실을 산 전망 객실보다 높은 가격으로 책정하는 경우이다. 또 동일한 크기의 객실이라도 일반 객실과 달리 가족 고객을 위한 캐릭터 테마 객실의 경우 더 높은 가격을 매길 수 있다.

둘째, 가격할인을 통해 매출액을 높이는 전략이다. 이 전략은 현재 가격에는 구매의사가 없거나 가격에 민감한 고객들의 구매를 유도할 수 있다. 할인쿠폰 제공이 대표적이다. 이를 통해 가격에 대한 구매장벽을 낮추거나 유사가격의 경쟁사 제품의 구매고객을 새로 확보할 수 있다. 가격 민감성이 높은 고객을 찾아 개별적인 제안을 하는 것도 좋은 방법인데, 최근 정보기술ιτ의 발달로 이런 방식의 세분화·개인화 가능성은 계속해서 높아지고 있다.

셋째, 기존 고객에게 지속적인 구매를 유도하는 전략이다. 미용실에서 일정 할인율 제공조건으로 선구매 쿠폰을 판매한다든지 커피점에서 일정 횟수 구매시 무료 커피를 제공하는 적립카드 등이 여기에 해당된다.

실제로 각 목적에 따라 더 많은 사례가 있으니 그런 방식을 자사 제품에 적용하는 연습을 해보자. 고객이 보다 만족스러워 하는 상품과 가격을 만들 수 있을 것이다.

어디를 가더라도
고객을 개발하라

스타트업 관련 행사에 가면 현재 사업을 운영하는 스타트업 대표들의 사업 소개를 들을 기회가 있다. 사업을 시작하게 된 배경과 현재 하고 있는 일, 그리고 앞으로 하고 싶은 일에 대해 들어보면 그 회사를 이해하는 데 큰 도움이 된다. 지난주에도 그런 행사가 있었다. 네 군데의 스타트업 대표들이 사업 소개를 했다. 청중들은 대부분 창업에 관심을 가진 청년들이었다. 행사가 끝나고 발표를 했던 친한 대표에게 물어봤다.

"오늘 발표는 어떤 목적으로 했어요?"

"그냥 사업 소개를 해달라는 요청을 받아서요."

"청중들 상당수가 대표님 사업의 고객인 것 같던데, 그냥 소개만 하고 돌아가기에는 좀 아쉽지 않아요? 이들이 고객이 될 수 있도록 넛지(사람들의 선택을 유도하는 부드러운 개입)할 수 있는 방법 좀 없어요?"

"사실 오늘 어떤 분들이 오는지도 잘 모르고 와서….'"

보통 스타트업 대표들은 정신이 없을 정도로 할 일이 많다. 이야기를 나눴던 대표도 며칠 동안 잠을 자지 못했다고 했다. 그럼에도 불구하고 청중들에게 기업가정신을 북돋아 주는 긍정적인 역할을 하고 싶어서 이런 행사에 참여한 것이다. 또 생각지 못했던 좋은 사람을 만나거나 새로운 사업 기회를 잡을 수도 있을 것이다. 그런데 이것만 가지고는 좀 아쉬운 감이 있다. 특히 후자는 운이 좋으면 그렇다는 것이다. 그럼, 청중 대부분이 목표고객과 겹친다면 이들이 입장하는 과정에서 회사의 상품 안내서와 특별 할인권 같은 것을 나눠줬으면 어땠을까? VIP 체험권이나 샘플 같은 것도 좋다. 주최 측이 모아준 100명이 넘는 청중들에게 자신의 회사를 소개하는 아주 좋은 자리에서 단순히 사업 소개로만 끝나는 것이 아니라 거기에 공감하는 사람들에게 자사 상품을 좋은 조건에 이용해 볼 기회를 준다면 서로 윈윈이지 않았을까? 물론 너무 노골적으로 광고하는 것은 보기에 좋지 않겠지만 넛지 수준에서는 충분히 생각해 볼 만하지 않았을까 생각한다. 100명이 넘는 사람들이 있는데….

언론 기사도 마찬가지다. 언론 기사는 돈 한 푼 안 들이고 큰 효과를 볼 수 있는 아주 좋은 기회다. 이때도 조금만 더 준비하면 사업적인 효과를 크게 가져갈 수 있다. 보통 이런 기사에는 회사 이름이나 상품명 혹은 서비스명이 노출될 가능성이 높다. 기사를 읽은 독자 중 해당 상품에 관심이 있는 사람들은 인터넷 검색을 통해 웹사이트에 들어올 것이다. 따라서 언론에 기사가 나오는 시점에는 홈페이지가 제대로 돌아가고 있어야 하고, 회사명과 서비스명이 포털사이트 검색시 제대로 노출되는지도 확인해야 한다.

아직 제대로 된 홈페이지가 없다면 한 페이지짜리 소개 페이지라도 만들

뉴욕타임스 기술 섹션 커버스토리로 실린 기사

어 접속하는 고객들의 이메일 주소를 받아두는 것도 유용하다. 정상 서비스가 진행될 때 알릴 수 있도록 말이다. 이렇게 해서라도 소중한 기회들을 쉽게 날리지 않았으면 좋겠다.

드레스 대여 사이트인 렌트더런웨이는 사이트 론칭 초기 뉴욕타임스NYT에 기사가 실리면서 10만여 명의 신규 회원을 유치했다. 안경 판매로 유명한 와비파커는 지큐GQ라는 잡지에[37], 신발 브랜드 탐스슈즈는 LA타임스에 소개되면서 초기 성장의 도화선이 되었다. 스타트업은 무엇을 하든지 고객에게 집중하고 경제적인 비용으로 한 명이라도 더 유입시킬 방법을 찾아야 한다.

기존 고객을 적극적으로
관찰하고 관리하라

두려움 반, 기대 반으로 앱서비스를 론칭했다. 아직 아쉬운 부분이 보이지만 우선 고객에게 먼저 선보이고 지속적으로 개발해 나가기로 했다. 첫 2주일 동안은 무료 서비스를 제공하고 이후부터는 유료로 전환하는 콘텐츠 서비스다. 예상대로 앱을 다운로드해 설치한 이용자들은 무료 사용에 적극적이었다. 사용자들의 반응도 나쁘지 않았다. 문제는 유료전환율이 기대에 못 미친다는 것이다.

제품이든 서비스든 고객에게 돈을 지불하도록 만드는 것은 모든 사업자들의 고민이다. 고객이 돈을 지불하지 않는다는 것은 어떤 이유에서든 고객의 기대수준을 채우지 못했다는 것이다. 이 간격을 줄여나가기 위해 몇가지 방법을 살펴보자.

첫째, 초기고객들에게는 적극적인 컨시어지 concierge 서비스를 제공한다.

어떤 점에 만족하고 무엇을 불편해 하는지 적극적으로 소통해야 한다. 이러한 노력이 초기 서비스의 부족함을 극복하고 고객과 좋은 관계를 유지할 수 있도록 한다. 또한 입소문의 출발점이 될 것이다.

둘째, 고객들이 어떻게 사용하는지 확인한다. 핵심고객을 섭외해 직접 앱을 내려받도록 하고 어떻게 사용하는지 현장에서 지켜보자. 고객이 앱 제작 의도대로 제대로 사용하는지, 어느 부분에서 막히는지 확인하자. 적잖은 고객들이 기획 의도와 달리 헤매는 부분이 있을 것이다. 이 경우 동의를 구한 후 촬영을 해서라도 사내 구성원들과 공유할 필요가 있다. 만들고 싶은 기능이 아니라 고객이 어려워하는 부분을 먼저 개선해야 할 것이다.

셋째, 유료전환을 하지 않은 고객들로부터 이유를 확인한다. 유료화한 고객보다 떠나간 고객들이 훨씬 많을 것이다. 분명 이들도 최초에는 앱서비스를 통해 얻고자 하는 것이 있었을 텐데, 무언가 완전하지 않기 때문에 떠난 것이다. 이들이 떠난 이유를 확인해야 한다. 직접 전화를 걸든, 이메일을 보내든 알아내야 한다. 그래야 개선할 수 있다.

넷째, 떠나간 고객들을 별도 관리한다. 광고·홍보를 통해 새로운 고객을 확보하는 것도 중요하지만 기존 고객들의 구매율을 높이는 것은 향후 성장효율을 위해 중요하다. 유료전환율을 두 배 올릴 수 있다면 마케팅비용을 절반으로 줄일 수 있다. 떠난 고객의 재확보계획을 세워 고객들로부터 확보한 개선 사항에 대한 공지, 1대1 맞춤 할인, 고객 관심에 적합한 정보제공 등을 통해 지속적으로 서비스를 상기시켜야 한다. 고객들은 한 번 접했다고 해서 곧바로 구매하지 않는다. 그렇다고 손을 놓고 있으면 고객들의 머릿속에서 잊혀질 것이다. 더 나아진 솔루션을 경험할 수 있도록 커뮤니케이션을 유지해야 한다.

CHAPTER 9

조직을 이끄는 힘

—————— 리더십

미션은 우리의
존재 이유다

"사업을 하면서 가장 즐거웠던 때가 언제였나요?"

"시작하기 직전이죠."

맞다. 이때는 '사업이 너무 잘되면 어떻게 하지?' 하는 괜한 걱정까지 하는 때다. 하지만 사업이 시작되면 상황이 달라진다. 하루에도 서너 번씩 천당과 지옥을 경험하게 된다. 어떤 날은 왔다갔다 할 겨를도 없다. 예상 대로라면 창업한지 3개월 만에 제품을 내놓고 다시 3개월이 지나면 흑자가 되어야 한다. 하지만 1년이 지나서야 겨우 제품이 나왔고 매출은 생각처럼 오르지 않는다. 그래도 목표를 초과달성하는 게 있다. 지출이다. 현금흐름도 걱정이지만 함께하는 사람들을 같은 생각으로 묶어내는 것도 쉬운 일이 아니다. 문득문득 '내가 잘 시작한 걸까?' '어떤 결정을 내려야하지?' '왜 다들 내 마음 같지 않을까?' 하는 생각이 든다. 사업이 잘되든 그렇지 않든 대부분의 창업자들이 겪게 되는 마음 상태다. 잘되는 회사도 그 과정에는 삼라만상(森羅萬象)이 들어 있다. 이런 상황을 극복할 수 있는 좋은 방법은 없을까?

"우리 회사는 왜 존재하는가?"

이 질문에 답해 보자. 이는 사업 아이디어와 조금 다르다. 사업 아이디어는 사업을 시작할 수 있게 해주지만 이 사업 아이디어로 무엇을 하고자 하는지 생각해 보자는 것이다. 이를 '미션mission' 혹은 '사명使命'이라고 부른다. 왜 사업을 하는가에 대한 근본적인 답변이다. 가령 구글은 검색 서비스를 제공하지만 그들의 미션은 '세상의 모든 정보에 쉽게 접근하고 사용할 수 있도록 하는 것'이다.

"창업을 해본 사람들은 알겠지만 창업과정에서 정말 어려운 일들에 부딪히잖아요. 그것을 극복할 수 있게 해주는 것은 자신이 하는 일의 중요성과 자신이 하는 일이 사람들에게 가치를 제공하고 있다는 것을 믿는 것이죠."

페이스북 창업자 마크 저커버그의 말이다. 자신의 사업이 어떻게 세상을 변화시키는지 생각해 보고 믿음을 가지라는 것이다.

미션은 창업자의 중심을 잡아주는 역할 외에 함께 일하는 창업팀·임직원들에게도 큰 영향을 미친다. 스타트업은 일반적으로 자원이 부족하다 보니 임직원들에게 충분한 처우를 해주기 어렵다. 그럼에도 여기서 함께하는 것은 창업자가 제시하는 미션에 공감하고 가능성을 믿기 때문이다. 미션에 대한 믿음이 부족한 처우를 메우는 것이다. 물론 회사가 충분한 처우를 제공할 수 있다고 해도 미션은 중요하다. 임직원들과의 관계가 미션이 아닌 처우로만 연결된다면 단순한 근로계약 관계에 그칠 수 있기 때문이다. 이는 더 좋은 처우를 제안하는 회사가 생겼을 때 쉽게 직원을 잃을 수 있다는 것을 의미한다. 직원들도 단지 돈만 보고 일하는 것이 아니라는 말이다. 모두가 미션을 공유해야 하는 중요한 이유다.

"빨리 가려면 혼자 가고 멀리 가려면 함께 가라"는 말이 있다. 멀리 함께 가려면 왜 가야 하는지 이유를 알아야 한다. 그 가치에 공감해야 한다. 그래야 함께 멀리 갈 수 있다.

우리는 한 방향으로
가고 있는가

"비즈니스모델이 자리를 잡아감에 따라 성장을 위해 채용을 늘리고 있습니다. 그런데 인원이 늘어날수록 오히려 효율성이 떨어지는 것 같습니다. 다들 생각하는 바도 다른 것 같고…. 어디서부터 시작해야 할까요?"

이메일을 통해 받은 질문이다. 비즈니스모델이 제대로 돌아가기 시작하면 이것을 반복하며 확장시킬 수 있는 조직구조를 만드는 것이 필요하다. 이때부터 스타트업 대표는 창업단계에서 경영단계로 넘어가야 한다. 창업단계에서 고객가치를 만들어 내는 일 자체에 집중했다면 경영단계에서는 만들어 낸 고객가치를 체계적으로 성장시켜야 한다. 이 과정에서 조직 구성원들이 늘어나게 마련인데 그러다 보면 회사의 방향에 대해 서로 생각하는 바가 달라 갈등의 여지가 생길 수 있다. 그 해결의 첫 단추가 바로 회사의 미션과 비전을 정립하는 것이라 할 수 있다.

미션mission은 기업의 존재 이유라고 할 수 있다. 창업한 이유가 단지 '더 많은 돈을 벌기 위해서'는 아닐 것이다. 설령 그렇다 하더라도 돈을 버는 것은 고객들에게 어떤 가치를 제공한 결과이지, 벌고 싶다고 해서 벌리는 게 아니다. 기업 미션의 좋은 사례로는 '사람들의 질병을 치료하고 더 나은 삶을 살 수 있도록 제품과 서비스를 제공하는 것(존슨앤존슨)' '사람들의 돈을 절약시켜 더 나은 삶을 살 수 있게 하는 것(월마트)' 등이 있다. 미션을 쉽게 만드는 방법은 '왜 이 일을 하는가?'를 스스로에게 물어보면 된다. 한 번에 안 되면 몇 번 반복해서 물어보면 답이 나올 것이다.

비전vision은 '글로 쓴 미래 그림'이라고 하면 이해가 쉬울 것이다. 향후 회사의 성장 모습을 기술한 것이다. 좋은 비전이란 어떤 것일까? 첫째, 쉽고 구체적일수록 좋다. '세계 최고가 되자'보다는 어떤 분야에서 어떻게 하는 것이 최고인지 구체화할 필요가 있다. 둘째, 기간이 필요하다. 기간에 따라 달성방법이 달라질 것이다. 셋째, 누가 들어도 알기 쉬운 게 좋다. 그래야 쉽게 공유되기 때문이다. 비전의 좋은 사례로는 1960년대 미항공우주국 NASA 에서 선언했던 '1960년대가 끝나기 전까지 인간을 달에 보낸다'가 대표적이다. 구성원들과 함께 3년 뒤, 5년 뒤 회사가 어떻게 되어 있으면 좋을지 토론하며 여러 관점에서 구체화하는 것도 좋다. 함께 이룰 꿈을 그리는 것이다.

미션은 나침판과 같다. 향후 회사가 나아갈 방향을 결정하는 데 중요한 역할을 할 것이다. 비전은 나침판을 들고 어디까지 가야 하는지, 가면 뭐가 있는지 알려주는 이정표라 하겠다. 이처럼 미션과 비전은 조직을 한 방향으로 갈 수 있게 해주는 핵심역할을 하게 될 것이다.

사람을
움직이는 힘

"혼을 걸고 조직을 위해 일해야 한다."

취임한 지 한 달을 맞은 한 금융회사 신임 회장의 인터뷰 기사 헤드라인이다. 사실 조직의 대표라면 누구나 구성원들에게 바라는 바일 것이다. 하지만 CEO가 이렇게 말한다고 해서 과연 조직 구성원들이 혼을 걸고 조직을 위해 일할까?

리더십의 정의는 상대방으로 하여금 목표하는 바에 이를 수 있도록 영향력을 행사하는 것이다. 그런데 '권위'authority와 '권력'power도 상대방에게 영향력을 행사할 수 있는 것들이다. 이들은 리더십과 어떤 차이점이 있을까? 각 단어들의 차이점을 비교해 보면 리더십의 개념에 대해 좀 더 명확히 알 수 있을 것이다.

권위는 규정에 의해 발현할 수 있는 권리를 사용하는 것이다. 즉, 직장상사로서의 권위를 통해 부하직원에게 그렇게 하도록 영향력을 행사하는 것이라 할 수 있다. 기업은 자체적으로 직급과 내부규정이 있고 상급자의 명령을 따르도록 되어 있으며 이에 반하는 것은 규정을 위반하는 것이 된다.

권력은 남을 지배해 강제로 그렇게 하도록 하는 것이다. 권위와 비슷하지만 보다 강제성이 있다고 볼 수 있다.

이에 반해 리더십은 나와 상호작용interactive하는 상대방이 자발적으로 하고자 하는 마음이 생겨서 목적하는 바에 이르도록 영향력을 행사하는 것이다. 상대방이 '자발적으로 하고자 하는 마음이 생기도록 한다'는 부분이 권위 · 권력과 구별된다.

리더십을 잘 표현한 문장으로 생텍쥐페리의 〈어린 왕자〉에는 다음과 같은 구절이 나온다.

"큰 배를 만들게 하고 싶다면 나무와 연장을 주고 배 만드는 법을 가르치기 전에 먼저 바다에 대한 동경을 심어줘라. 그러면 그 사람 스스로 배를 만드는 법을 찾아낼 것이다."

이 문장이야말로 리더십을 설명하는 가장 좋은 예시가 아닐까 싶다. 전후사정 없이 열심히 배를 만들어야 하는 이유를 설명해 주는 것보다, 먼 바다에 대한 동경을 심어줌으로써 상대방이 자발적으로 배 만드는 법을 익히도록 하는 것이다.

회사를 운영하다 보면 이런 '배 만드는 일'이 항상 일어난다. 그런데 밑도 끝도 없이 업무가 주어진다거나 직원이 왜 해야 하는지도 잘 모르는 상태에서 일을 한다면 당연히 효율이 오르지 않을 것이다. 그때 조직을 맡고 있는 리더가 업무에 대한 목적을 명확히 제시해 주고, 지금 하고 있는 일이 회사에 미치는 영향을 설명해 준다면 일의 능률은 올라갈 것이다. 이것이 리더십의 한 단면이다.

혼을 걸고 조직을 위해 일하자고 말하는 것은 쉽다. 하지만 리더가 이렇게 말한다고 해서 직원들이 혼을 걸고 조직을 위해 일하는 게 쉽게 되지 않는다. 혼을 걸고 일하도록 하려면 회사는 그 혼을 보장해 주는 환경을 만들어야 한다. 왜 혼을 걸어야 하는지, 왜 조직을 위해 일해야 하는지를 알 수 있도록 해줘야 한다. 그것이 리더가 해야 할 일이다.

복지혜택보다 더 중요한 것,
신뢰

회사에 수영장이 있어 수영하는 시간도 근무시간에 포함된다는 회사, 사내에 커피숍이 있어 전문 바리스타가 언제나 맛있는 커피를 제공한다는 회사, 전문 안마사가 직원들의 피로를 풀어준다는 회사, 충분한 유급휴가와 휴가비를 지원해 주는 회사도 있다.

이런 기사를 볼 때마다 '우리 회사도 빨리 이렇게 만들고 싶다'는 생각이 들 것이다. 하지만 현실은 녹록하지 않다. 대부분의 스타트업들은 성장이 최우선 과제이며 당장의 생존을 걱정하며 하루하루 분투하고 있다. 설령 투자를 받았다 하더라도 투자금을 직원 복지에 쓸 수는 없는 노릇이다.

과감한 복지를 제공하는 회사들을 다시 한 번 생각해 보자. 그들이 창업 초기부터 그런 복지혜택을 제공할 수 있었을까? 그렇지 않다. 비즈니스모델이 검증되고 수익을 내기 시작하면서 가능해진 것이다. 꿈의 직장으로 불리는 구글도 첫 번째 사무실은 변두리에 있는 가정집 1층 방 두 칸과 차고를 빌려 시작했다. 복지는 생각할 겨를도 없이 '월화수목금금금'이었다.

지금 스타트업에 필요한 것은 복지혜택이 아니다. 어차피 회사의 앞날이 불확실한데 오늘 즐기는 무료 커피, 무료 마사지, 유급휴가 같은 것이 무슨 도움이 되겠는가. 중요한 것은 우리 회사가 성장할 것이고 성장과 더불어 즐거운 일터를 만들 것이라는 믿음을 공유하는 것이다. 단지 "앞으로 수익이 생기면 이러이러한 일을 할 것입니다"라고 말한다고 해서 모든 구성원이 믿고 따르는 것이 아니다. 정말 그렇게 할 것인지 신뢰가 먼저 있어야 한다.

사우스웨스트항공의 노동조합 대표와 켈러허 사장이 중요한 사항에 대해 구두로 합의를 했다. 그러자 입사한지 얼마 안 된 직원이 노조를 향해 불만을 제기했다. "어떻게 구두 합의만 할 수 있는 거죠? 이렇게 중요한 안건을?"이라며 이해할 수 없다는 듯 말했다. 이 얘기를 들은 노조 간부는 "켈러허 사장이 그렇게 말했기 때문"이라고 잘라 말했다. 다른 직원들도 별다른 불만이 없었다. 그리고 얼마 지나지 않아 켈러허 사장은 그 약속을 지켰다. 그것은 켈러허 사장과 직원들이 쌓아온 신뢰의 결과였다.[24]

대표는 자신이 말한 것을 실천에 옮겨야 하고, 그것에 대해 일관성을 가져야 한다. 그것이 신뢰를 주는 회사의 기본이다. 펀fun 경영, 일하기 좋은 기업으로 많이 인용되는 사우스웨스트항공에서 배워야 할 것은 사장이 토끼 분장을 하고 직원들을 깜짝 놀래키며 즐겁게 해주는 것이 아니다. 사장이 약속을 지키지도 않는데 아침에 토끼로 분장한 모습을 직원들이 봐야 한다고 상상해 보라. 얼굴은 웃을지 모르지만 진짜 웃겨서 웃는 게 아닐 것이다.

그렇다면 신뢰는 어떻게 만들어질까? 예컨대 하루도 빠지지 않고 매일 아침 7시에 운동하는 사람을 봤다면 내일도 그 사람이 7시쯤에 아침운동을 하러 나오리라는 믿음을 가질 수 있다. 그렇게 봐온 기간이 길면 길수록 그 믿음의 정도는 끈끈해질 것이다. 신뢰를 만드는 세 가지 요소를 살펴보자.

첫째, 일관성이다. 일관성은 예측가능성으로 연결된다. 하루는 운동하러 나왔다가 다음 날은 안 나왔다가 하면 일관성이 떨어져 예측가능성이 낮아진다. 이런 경우 신뢰성이 떨어진다.

둘째, 말이 아닌 행동이다. 말로만 운동하러 나온다고 하는 게 아니라 실제 행동으로 보여야 한다. "앞으로 믿고 잘해 보자"고 말한다고 해서 없었던 믿음이 갑자기 생기지는 않는다.

셋째, 말과 행동이 누적되는 시간이다. 신뢰관계가 형성되기 위해서는 일정한 시간이 필요하다. 시간이 길어질수록 일관성을 볼 수 있고 행동하는 모습을 볼 수 있기 때문이다. 결국 신뢰가 쌓인다는 것은 '말과 행동의 일관성 있는 누적'이라고 할 수 있다.

조직의 리더는 누구나 일하기 좋은 일터를 만들기 원한다. 그런데 지금 당장 해줄 수 있는 것이 많지 않다면 회사의 성장과 더불어 나누는 회사가 될 것이라는 신뢰를 줘야 한다. 그리고 그것은 어느 날 갑자기 되지 않는다. 작은 약속 하나부터 지켜나가는 것이 지금 당장의 무료 커피, 무료 마사지보다 중요하다.

맡길 수도,
혼자 다할 수도 없을 때

"구성원들은 저에게 대리처럼 일하지 말라고, 대표님은 큰 그림을 그리라고 이야기합니다."

"그럼 그렇게 하시지요."

"제가 일일이 관여하지 않아도 회사가 잘 돌아간다면 대리처럼 일하지 않을 텐데요. 다른 사람들 일하는 것을 보면 부족한 부분만 보이니 제가 꼼꼼히 챙기지 않을 수 없더라고요."

"그런 부분이 보인다면 그렇게 하시죠." "…"

어느 스타트업 대표와의 대화였다. 이런 상황은 비단 스타트업에서만 생기는 게 아니라 일반 회사에서도 상사와 부하직원 간에 자주 생기는 리더십 이슈다. 리더십 분야에서는 구성원에게 업무권한을 위임하고 주체적으로 능력을 발휘할 수 있도록 하는 것을 '임파워먼트empowerment'라고 하며, 대부분의 전문가들은 '임파워먼트'를 리더십의 중요 역량으로 제시한다.

위 대화에서 대리처럼 일한다는 것은 세세한 부분까지 지나치게 관리한다는 것을 의미한다. 이를 '마이크로 매니지먼트micro management'라고 부를 수 있다. 좋은 말로 하면 꼼꼼한 것인데, 관리자가 작은 것 하나까지 자신의 마음에 들도록 지시하고 결정하다 보니 다소 부정적인 의미를 가진다.

대표가 해나가야 할 리더십 방향을 교과서적으로 말하면 이렇다. '대표는 큰 그림을 그리고 구성원들을 적재적소에 배치해 그들에게 임파워먼트 하라고!' 하지만 이게 말이 쉽지, 스타트업 대표가 쉽게 할 수 있는 방식이 아니다. 상당수는 '마이크로 매니지먼트'를 하고 있을 가능성이 높다. 왜냐면 스타트업 창업자는 회사의 일을 가장 많이 알고 있고 해야 할 일도 많다. 자신보다 잘할 수 있는 사람도 없을 것이고, 스타트업은 작은 실수 하나에도 회사의 존폐가 결정될 정도로 체력이 약하다. 만약 제품에 하자가 생겨서 반품을 받아야 하는 상황이라면 회사 문을 닫아야 할지도 모른다. 대표가 꼼꼼히 챙겼는데도 그런 하자가 생겼다면 덜 억울하겠지만 다른 구성원에게 맡겨 놓은 부분에서 사고가 나면 많은 아쉬움이 남을 것이다.

그럼, 꼼꼼히 관리할 부분과 임파워먼트할 부분을 어떻게 구분해야 할까? 일이 가진 리스크를 생각해 보자. 해당 일이 제대로 되지 않았을 때 회사에 미치는 영향이 크다면 마이크로 매니지먼트라고 욕을 먹더라도 제대로 챙기는 게 좋다. 사업 초기에는 이런 일들이 대부분일 것이다. 그런데 시간이 갈수록 업무 담당자의 숙련도가 올라가고 분야별로 창업자보다 더 역량 있는 사람들이 합류하며 임파워먼트의 여지가 높아질 것이다. 우선 지금은 고객에 집중하고 결과에 후회가 남지 않도록 할 수 있는 모든 것을 해보자.

CHAPTER 10

기업은
시스템이다

창업가에서 경영자로

자영업과 사업의 차이를
구분하자

인터넷 서핑을 하다 보면 가끔 장사와 사업의 차이에 대해 설명해 놓은 글을 보게 된다. 대부분 장사는 단기적인 이익을 추구하며 돈에만 관심있는 것처럼 표현하고, 사업은 장기적인 관점에서 사람을 얻기 위해 노력한다는 식의 긍정적으로 표현되어 있다. 물론 이는 더 의미있게 일하자는 메시지를 전달하기 위해 의도적으로 비교했다고 생각된다.

국립국어원에 따르면 장사란 '이익을 얻으려고 물건을 사서 파는 일'이고, 사업이란 '어떤 일을 일정한 목적과 계획을 가지고 짜임새 있게 지속적으로 관리하고 운영하는 일'이라고 되어 있다. 여기서 볼 때 장사는 나쁜 것이고 사업은 좋은 것이라는 구분은 없다. 장사도 시스템을 만들고 키워나가면 사업이 된다. 따라서 장사와 사업을 비교하는 것보다는 자영업과 사업을 비교하는 편이 보다 효과적인 통찰을 얻을 수 있다고 본다.

자영업(自營業)의 사전적 의미는 '자신이 스스로 경영하는 사업', 영어로는 'self-employed(스스로 고용된)'를 말한다. 해석 범위에 따라 차이가 있겠지만 보통 자신이 생산의 핵심을 담당하는 소규모 사업의 느낌을 가진다.

1954년 미국, 멀티 믹서를 판매하는 레이 크록이란 사람이 있었다. 어느 날 그는 캘리포니아 인근 소도시인 샌 버나디노에 있는 작은 햄버거 가게로부터 8대의 멀티 믹서 기계를 주문받는다. 작은 동네에서 멀티 믹서가 여러 대 필요하다는 것은 장사가 꽤나 잘된다는 걸 의미한다. 궁금증이 생긴 크록은 그 작은 마을을 찾아갔다.

멀티 믹서를 주문한 햄버거 가게의 상호는 '모리스 앤 리처드 맥도널드' 였다. 크록이 도착했을 때 가게 앞은 대기손님들로 문전성시를 이루고 있었다. 그 비결이 뭘까 하고 가만히 들여다 보니 우선 음식 나오는 속도가 다른 식당보다 빨랐다. 일회용 접시와 종이컵을 사용해 설거지 시간을 줄이고 손님이 직접 주문해 음식을 받아가는 셀프서비스 방식을 도입하고 있었다.

가격이 저렴하면서도 서비스는 친절했고 음식은 깨끗했다. 크록은 이 가게에서 새로운 가능성을 발견했다. 그는 며칠 뒤 맥도널드 형제를 졸라 프랜차이즈 판매권을 얻는 데 성공했다. 곧이어 크록은 햄버거 만드는 방법을 표준화하고 조리기구를 디자인했다. 또 종업원이 해야 할 일을 매뉴얼로 만들어 훈련시켰다. 그렇게 시작한 맥도널드 매장은 1984년 크록이 세상을 떠나기 전까지 전 세계 7,500여 곳에 이르렀고, 연간 매출액은 80억달러를 웃돌았다. 맥도날드는 현재 119개국 34,000여 매장을 가지고 있다.

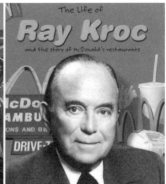

영화 〈파운더〉의 한 장면과 실제 맥도날드 창업자 레이 크록

맥도날드 형제나 크록은 모두 햄버거 가게를 운영했다. 하지만 접근방식
이 달랐다. 맥도날드 형제는 식당을 자영업 방식으로 운영했고, 크록은 식
당 자체를 시스템화시켜 그 시스템을 확장해 나갔다. 다른 매장에서도 동
일한 품질의 음식을 제공할 수 있도록 만든 것이다.[38]

결국 자영업자와 사업가의 차이는 홀로 일하는 사람과 시스템을 만드는
사람으로 볼 수 있다. 자영업은 본인이 없으면 일이 돌아가지 않거나 빠진
만큼 매출에 지장을 받는다. 미용실을 혼자 운영하는 헤어디자이너가 하루
쉬려면 그날은 가게 문을 닫아야 한다. 반대로 헤어디자이너를 고용해 미용
실 프랜차이즈 시스템을 만들어 놓으면 누가 쉬더라도 시스템은 돌아간다.

스타트업 창업자는 대부분 자영업자로 시작한다. 회사에서 발생하는 모
든 일을 도맡아 해야 한다. 창업자가 빠지면 회사는 제대로 돌아가지 않을
것이다. 대부분 이렇게 시작한다. 하지만 장기적으로는 시스템을 만들어
가야 한다. 시스템을 만들고 키우는 것이 진짜 사업이다. 이것이 사업가가
해야 할 일이다.

비즈니스모델 검증 후 해야 할 일,
시스템화

초기 스타트업 창업자의 모습은 자영업자에 가깝다. 비즈니스모델의 핵심이 제대로 돌아가는지 집중해야 하고, 여기에 창업자의 역량 대부분이 투입된다. 이는 창업자가 없으면 불가능한 일이다. 그리고 성공가능한 모델이라는 확신이 들면 본격적으로 더 많은 인적·물적자원을 투입하여 시스템을 확장시켜 나가게 된다.

그런데 간혹 여기서 문제가 발생한다. 창업의 동기 중 하나는 하고 싶은 일을 하기 위해서다. 그것은 주로 만드는 것을 좋아한다든지, 기획하는 것을 좋아한다든지 하는 것들이다. 하지만 시스템을 만들고 성장시키는 데는 원하든 원하지 않든 다른 역량을 요구받게 된다.

"회사라는 것은 제품개발 50%와 그 외 수많은 일 50%로 이루어진다는 것을 나중에 깨달았습니다."

인스타그램의 창업자 케빈 시스트롬의 말이다.[39] 여기서 말하는 '그 외

수많은 일'들이 바로 시스템을 만들어 나가는 일들이다. 각각 50%라고 했지만 제품개발이 완료되고 나면 '수많은 일'의 비중은 50%를 넘어설 것이다. 적합한 사람을 구하는 일, 자본을 유치하는 일, 업무 프로세스를 만드는 일, 조직이 나가야 할 방향을 설정하는 일들이다. 구체적으로는 창업 초기 구성원들과 이후에 입사하는 전문성을 가진 구성원 사이의 조화를 어떻게 맞춰야 할지, 구성원이 늘어나면서 조직구조를 어떻게 가지고 갈지 등의 것들이다. 소소하게는 직원 결혼식에 낼 축의금 액수도 정해야 한다. 이런 일들이 한두 가지가 아니다.

창업자에게 힘든 일은 제품을 개발하는 일 자체가 아니다. 이는 힘들어도 재미있을 것이다. 오히려 조직을 시스템화하는 일이 더 어렵다. 그렇다고 피해갈 수 있는 게 아니다. 창업가에서 사업가가 되어야 하는 시점이다. 이제는 시스템을 만들어 가야 한다. 이 점을 미리 알아 둘 필요가 있다.

고객 만족 vs
직원 만족

"직원 만족과 고객 만족 사이에서 이해관계가 충돌한다면 어디에 중점을 두시겠습니까?"

스타트업 피칭 후 어느 심사위원이 던진 질문이었나.

'닭이 먼저냐, 달걀이 먼저냐?'와 같은 질문이었을까?

대부분의 스타트업은 하나의 사업 아이디어에서 시작된다. 아이디어가 상품이 되어 세상에 나왔을 때 고객들이 만족하면 성장의 길로, 그렇지 않으면 실패의 길로 간다. 그렇다면 스타트업 단계에서는 고객 만족에 집중해야 할 것이다.

질문을 다시 한 번 보자. 직원 만족과 고객 만족이 충돌할 때를 물었다. 이게 문제가 되는 경우는 주로 회사가 성장하는 과정에서 발생한다. 고객 만족을 위한 기업의 노력이 지나치게 확대해석되는 경우다.

'고객은 왕이다' '고객 만족을 넘어 고객 졸도로!' 같은 말들을 들어봤을 것이다. 또 고객만족도를 평가해 직원 성과에 반영하는 기업도 적지 않다. 고객을 만족시켜야 회사가 성장할 수 있고 회사가 성장해야 직원들이 행복할 수 있다는 것이 중심 논리다. 하지만 잘못하면 '고객이 원하는 모든 것을 들어줘야 한다'는 분위기가 만들어질 수 있다. 그렇게 되면 직원들이 고객의 과도한 요구조차 들어줘야 하고, 때에 따라서는 환불·교환·보상 등이 늘어나며 회사의 손실도 늘어난다. 직원들 입장에서도 이런 상황이 계속되면 고객에게 좋은 경험을 제공할 수 없을 것이다.

직원 만족을 우선시한다면 어떨까? 탁월한 기업문화를 자랑하는 사우스웨스트항공의 창업자 허브 켈러허는 "우리는 고객·직원·주주 중 직원이 가장 우선시되어야 한다고 생각한다. 직원이 만족하면 그들은 자연스럽게 고객을 만족시킬 것이고 만족한 고객은 다시 찾아올 것이므로 결과적으로 주주에게 이익이 된다"고 말했다. 우선순위가 직원이라는 것을 명확히 했고, 회사는 직원들의 직무 만족을 위해 할 수 있는 최대한을 지원한다. 또 어떠한 직원이라도 '이것이 고객에게 최선'이라는 판단에 따라 행동을 했다면 설령 결과가 좋지 않더라도 불이익을 당하지 않는다. 이에 따라 정당한 고객의 요구에는 정중하고 신속하게 처리하지만 직원을 모욕하는 고객에게는 다른 항공사를 이용하라는 거절 이메일을 보내기도 했다. 옳은 일을 한다면 회사가 지켜준다는 믿음에 기반한 행동이다. 직원들은 회사와의 신뢰를 기반으로 최선의 고객응대를 할 수 있는 책임과 의무를 위임받은 것이다.

허브 켈러허 회장과 사우스웨스트항공 직원들

　우리는 고객이 만족할 수 있는 가치를 제공해야 한다. 그래야 생존할 수 있기 때문이다. 하지만 시간이 갈수록 고객 만족의 원동력은 사업 아이디어 자체가 아니라 그것을 해내는 구성원, 즉 직원들로부터 나온다는 것을 알게 될 것이다. 직원들을 만족시키면 그들이 최선의 방법을 찾을 것이다.

성과는 투입량이 아니라,
산출량이다

K대표는 얼마 전 벤처캐피털로부터 투자를 유치했다. 그리고 그 돈으로 더 빠른 성장을 위해 사람을 뽑아 조직을 키우기로 했다. 당분간 열심히 일만 하면 될 것 같았다. 그런데 어느 날 K대표가 늦게까지 일하고 가방을 챙겨 사무실을 나오다 보니 본인이 가장 늦게 퇴근을 하고 있었다.

"왜 나는 밤낮없이 열심히 일하는데 직원들은 퇴근시간이 되면 칼퇴근을 하는 걸까?"

물론 퇴근시간에 퇴근하는 게 정상이다. 그렇기는 하지만 스타트업에서 출퇴근시간을 지켜가며 빠른 성장을 기대하는 것은 쉬운 일이 아니다. 스타트업이라는 게 자본이 있는 것도 아니고, 고객이 있는 것도 아니며, 인적자원이 충분한 것도 아니다. 할 수 있는 것은 더 많은 시간을 투입해 성장하는 것뿐이다. 그러다 보니 대표는 일찍 퇴근하는, 아니 퇴근시간에 맞춰 퇴근하는 직원들을 보면 말은 못해도 마음 한구석이 쓰리다.

'회사가 잘되면 연봉도 올려줄 수 있고 복리후생도 더 좋게 해줄 수 있는데… 조금만 더 시간을 투자해 줬으면…'

스타트업의 대표는 일단 이것 하나는 알고 시작해야 한다. 직원들은 대표처럼 일할 수 없다는 것을 말이다. 근본적으로 생각해 보자. 열심히 일해 회사가 잘됐을 때 가장 큰 보상을 받는 사람은 누구일까? 당연히 회사의 지분을 많이 가진 대표다. 물론 대표에게 긍정적인 보상만 있는 것은 아니다. 실패했을 때 가장 크게 손해를 보는 사람도 대표다. 이때는 회사 지분에 관한 것뿐만 아니라 각종 부채에 대한 보증 등으로 빈털터리 마이너스 인생이 될 수도 있다. 그러다 보니 대표는 보상과 상관없이 일을 대하는 자세가 다를 수밖에 없다.

직원들 역시 회사가 잘되기를 원하지만 대표만큼은 아니다. 직원들도 연봉인상·복리후생 등의 보상을 받게 될 것이다. 하지만 대표에 비하면 별거 아니다. 게다가 언제 그것이 가능할지, 약속이 얼마나 지켜질지도 불확실하다. 그 점을 인정해야 한다.

직원이 늘어나고 있는 스타트업 대표는 우리가 하는 게 얼마나 가치 있는 일인지 회사의 비전을 직원들과 공유할 수 있도록 더 노력해야 한다. 또 회사가 잘됐을 때 그들에게도 성공의 열매가 충분히 돌아갈 수 있는 시스템을 만들어 가야 한다. 이것이 대표가 할 일이다.

개인적으로 스타트업은 전 구성원이 합심해 밤낮없이 일하는 문화가 필요하다고 생각한다. 이때 창업팀, 창업 초기 멤버가 그 역할을 해줘야 한다. 다만 회사 규모가 커지고 직원들이 많아지기 시작하면 상황은 달라질 수 있다. 늦게까지 일한다고 해서 성과가 높아지는 것은 아니기 때문이다. 이때부터 성과관리를 위한 경영체계가 필요해진다. 이것을 제대로 못하는 대표는 늦게까지 일하는 직원을 일 잘하는 직원으로 착각하게 된다. 그러면 기업문화 자체가 회사에 오래 남아 있는 쪽으로 움직인다. 회사가 성장하면서 대표가 경영역량을 쌓아야 하는 이유 중 하나다. 성과는 투입량이 아니라 산출량으로 확인하는 것이다.

CHAPTER 11

열정 컴퍼니 만들기

조직관리

열정 컴퍼니는
'내적 보상'이 핵심

산업사회에서는 열심히 일해 주어진 목표생산량을 달성하는 것이 대부분의 업무였다. 하루에 신발 100켤레를 만드는 게 목표면 측정방법도 명확하다. 하지만 현대사회에서는 이런 업무를 기계와 컴퓨터가 맡고 있다. 기업은 기획·연구개발R&D·디자인 같은 창의적인 일에 더 집중하고 있다. 그런데 이런 일들은 단기적인 성과 측정이 쉽지 않다. 직원들이 자리에 앉아 일하고 있는지, 딴짓을 하고 있는지 확인하기 어렵다. 직원들이 가진 열정에 기대해야 하는 상황인데, 이러한 열정은 관리될 수 없을까? 경영자들의 고민이다.

"여러분은 언제, 일하는 것이 즐겁고 열심히 하고 싶은 의욕이 생기던가요?"

가장 쉽게 떠오르는 현실적인 답변은 '돈을 많이 받을 때'일 것이다. 연봉이 인상되거나 성과급을 받을 때이고, 승진하는 경우도 해당된다. 우리는 이러한 것을 '외적 보상'이라는 용어로 표현하며, 외부로 드러나는 직접적인 보상을 의미한다. 그리고 이러한 외적 보상이 일에 대한 동기를 높이는 데 도움이 된다는 것은 분명하다. 하지만 매번 발생하기 어렵고, 또 그 효과가 단기적으로 끝나는 경우가 많다.

연봉인상이나 승진 같은 보상은 어느 정도 요건이 갖춰지면 평소에는 의식 밑으로 가라앉는 경향이 있는데, 이를 보완하기 위해 '내적 보상'이라는 개념이 등장했다. 이는 심리적인 측면에서 의욕을 불러일으키는 것으로, 케네스 토마스 교수는 일에 대한 열정이 생기는 때를 네 가지로 분류했다.[40]

첫째, 의미. 이것은 내가 할 만한 일이라는 생각이다. 자신의 시간과 에너지를 쏟아부을 만한 가치가 있는 일이라는 것을 느낄 때이다.

둘째, 선택. 내가 선택하고 결정한 일이라고 느낄 때이다. 자신이 주도적으로 해나간다는 것이다.

셋째, 역량. 실력이 쌓이고 있다는 생각이나. 이 과정을 통해 성상하고 있다는 느낌을 갖는 것이다.

넷째, 성과. 잘 진행되고 있다는 감정이다. 목표에 부합하며 무언가 이루고 있다고 느끼는 것이다.

| 열정과 몰입의 방법 |

의미 : 미션과 비전 "할 만한 가치가 있다."	역량 : 코칭 "실력이 쌓이고 있다."
선택 : 임파워먼트 "내가 선택하고 내가 결정한다"	성과 : 성과 관리 "잘 진행되고 있다."

출처 : 케네스 토마스(2011), 『열정과 몰입의 방법』, 지식공작소

그런데 이 네 가지 분류는 외우거나 기록할 필요가 없다. 사업을 하며 열정이 솟을 때가 언제인지 생각해 보자. 지금 하는 일이 할 만한 가치가 있다고 생각될 때이다(의미). 이것은 누가 시켜서 하는 게 아니라 스스로 선택한 일일수록 더욱 그렇다(선택). 이 일을 하며 스스로 성장하고 있다는 느낌이 든다면 더 즐겁다(역량). 잘 진행되고 있고 계획된 성과가 보인다면 더욱 힘이 날 것이다(성과).

구성원들에게도 이런 감정을 가질 수 있도록 하려면 어떻게 해야 할까? 이것이 리더의 역할이 될 것이다.

첫째, 일에 대한 의미. 우리가 하는 일이 왜 중요한지 공유하는 것이다. 우리의 일이 얼마나 가치있는지 이야기하고 비전을 나누어야 한다. 가슴 뛰는 비전이 구성원들에게 영감inspiring을 불어 넣을 것이다.

둘째, 스스로의 선택. 구성원들이 스스로 선택했다는 기분을 가지게 하는 것이다. 믿고 권한을 주는 것으로, 임파워먼트empowerment라고 부른다.

셋째, 실력이 쌓이고 있음. 구성원들을 인정하고 긍정적인 피드백과 코칭을 통해 자신감을 갖게 한다. 역량을 높일 수 있는 업무 기회와 교육 기회를 제공한다.

넷째, 잘하고 있음. 단지 열심히 하는 것만이 아니라 성과를 만들고 있다는 느낌을 가져야 한다. 주어진 목표에 다다를 수 있도록 지원하고 격려하는 것이다.

열정을 만드는
가장 쉬운 일

『칭찬은 고래도 춤추게 한다』

켄 블랜차드 Ken Blanchard 박사의 책 제목이다. 도서명이 워낙 직관적이라 제목민 보고도 내용을 짐작할 수 있다. 칭찬이 고래노 춤추게 할 정도라면 사람에게는 두말할 필요도 없을 것이다.

스타트업에 구성원들이 늘어나면 대표에게는 새로운 고민이 생긴다. 사람들의 일처리가 흡족하지 않은 경우가 자주 보이고, 조바심이 생기고 그들의 수고가 눈에 들어오지 않는 경우가 많아진다. 칭찬은 커녕 부족한 부분만 보인다. 그래서 계속 지적하게 된다. 물론 부족한 부분을 알려주는 것도 필요하기는 하지만 매번 이렇게 해서는 서로 일하기가 불편해진다. 일하는 사람도 점점 더 자신감을 잃게 될 것이다.

이 경우 관점을 조금만 바꿔보자. 칭찬으로 사기를 높여줄 수 있다. 완벽하게 일처리가 안 되는데 어떻게 칭찬할 수 있는지 의아해할 수 있겠지만 칭찬은 일처리가 완벽했을 때만 하는 것이 아니다. 습관의 문제이고 사고의 전환으로 시도할 수 있다.

칭찬에 인색한 대표들의 모습을 보자. 구성원의 일처리가 완벽한 경우 곧바로 노고를 인정해 줘야겠지만 마음 한 편에서는 '당연히 해야 할 일을 하는데 굳이 칭찬까지 할 필요가 있을까' 하는 생각이 든다. 그래서 건너뛴다. 반대로 구성원의 일처리가 완벽하지는 않았지만 성의를 다해 완료한 경우는 이런 생각이 든다. '여기서 칭찬하면 자신이 아주 잘했는지 알고 안주할지도 몰라.' 그래서 또 건너뛴다. '쑥스러워서…' '꼭 말을 해야 아나…' '아첨하는 것 같아서…' 같은 이유로 칭찬을 불편해 하기도 한다.

하지만 입장을 바꿔 여러분이 누군가에게 칭찬을 받았다고 해보자. '이 정도면 충분한가 보다'라며 안주하고 싶은가? 아니다. 더 열심히 할 동기부여가 될 것이다. 여러분이 무언가 열심히 해 성과를 만들었는데 대표가 가타부타 말이 없다면 어떨까? 자신이 잘했는지 그렇지 않은지 알기가 어렵다. 또 대표가 자신의 부족한 면만 지적한다면 어떨까? 도움이 되기는 하지만 이런 일이 계속되면 의욕이 꺾인다. 이때 한마디 칭찬은 비타민 같은 힘을 준다. 진심을 담은 말 한마디에 자신의 존재를 인정받았다는 생각으로 열정이 생기는 것이다.

사마천의 『사기(史記)』에 '사위지기자사(士爲知己者死)'라는 구절이 나온다. 선비는 자신을 알아주는 사람을 위해 목숨을 바친다는 말이다. 칭찬은 상대를 인정해 주는 가장 기본적인 관심이다. 이는 또 구성원들에게 줄 수 있는 게 많지 않은 스타트업에게 가장 좋은 방법이기도 하다.

진심으로 칭찬할 만한 게 없는데 억지로 지어낼 수는 없지 않겠느냐는

질문에 서울백병원 우종민 교수는 이렇게 답했다.[41]

"진심이라는 것도 알고 보면 대단히 주관적인 것이다. 상대의 좋은 점을 보려고 노력하면 진심으로 칭찬거리가 생기고 그렇지 않으면 진심이 생기지 않는다. 진심이 쉽게 생기지 않으면 상대방을 '덩치만 큰 어린애'라고 생각해 보라. 분명히 칭찬거리가 나올 것이다."

칭찬은 조직의 사기를 높이기 위해 실천할 수 있는 가장 효과적인 방법이다.

One more 칭찬을 할 때 알아두어야 할 점이 하나 있다. 적절한 칭찬의 결과는 구성원의 사기를 높일 수 있지만, 이것은 칭찬의 저변에 깔린 관심과 인정의 표현이 큰 역할을 차지할 때이다. 가령, A라는 구성원이 외부 프로젝트를 수주했다고 해보자. 이때 "A님이 이번에 의미있는 프로젝트를 수주했어요. 대단한 일을 하셨어요. 수고 많았습니다."라고 말하는 것은 수고와 격려의 느낌이 있기는 하다. 그런데 이 말을 이렇게 바꿔보면 어떨까? "A님이 이번에 의미있는 프로젝트를 수주했어요. 이 건을 위해 자료조사 하느라 대학 은사님께도 찾아가 문의하고, 직접 수퍼마켓에 가서 시장조사를 한 것으로 압니다. 이런 노력의 결과라고 생각합니다. 수고 많았습니다." 비슷한 칭찬의 표현이지만 과정을 구체적으로 언급함으로서 관심있게 봐왔다는 점, 노력에 대해 인정한다는 점을 전달하고 있다. 관심과 인정이 묻어날 수 있도록 하는 것이 중요하다.

외적 보상과 내적 보상은
함께해야 한다

"회사가 자리를 잡아가고 있습니다. 구성원들의 동기부여를 위해 성과급을 지급해 보려고 하는데요. 그동안 고생도 많이 했고요. 그런데 어느 책에서 보니 이런 방식이 구성원들의 창의력이나 동기부여에 부정적인 영향을 미친다고 하더라고요."

성과급 지급이라니…. 축하할 만한 일이다. 보통 돈이나 각종 혜택을 제공하는 것을 물질적 보상, 외적 보상이라고 부른다. 임금·상여금·수당·현금 포상 같은 것들이다. 이와 상대되는 방법으로 칭찬·인정·보람·관심 등 비금전적 방식은 내적 보상이라고 한다.

그렇다면 외적 보상이 창의력이나 동기부여에 부정적인 영향을 미칠까? 1993년 하버드비즈니스리뷰에 실린 알피 콘Alfie Kohn 교수의 〈인센티브가 제대로 작동되지 않는 이유〉는 외적 보상이 부정적인 영향을 미친다고 하는 대표적 논문이다.[42] 외적 보상은 구성원들을 회사의 보상시스템에 맞춰 일하게 함으로써 창의력을 떨어트릴 수 있고 개개인에 대한 진정한 관심보다는 보상체계대로 움직이게 해 내적 동기를 없앤다고 했다. 경영컨설턴트인 다니엘 핑크Daniel Pink도 그의 저서 『드라이브Drive』를 통해 외적 보상이 창의성이나 내적 동기를 낮춘다고 주장했다.[43]

그렇다면 외적 보상을 제공하지 않는 것이 나은 것일까? 그렇지는 않다. 몇 가지 이유를 보자.

첫째, 외적 보상이 성과에 긍정적인 결과를 가져온다는 연구도 많다. 외적 보상이 부정적 결과를 만든다는 것은 우리가 알고 있는 통념과 다르기 때문에 좀 더 관심을 받은 것일 뿐 외적 보상이 창의성과 동기부여에 긍정적이라는 연구도 다수 존재한다.

둘째, 외적 보상은 일정 수준까지 올라가야 한다. 스타트업의 경우 급여와 같은 물질적 보상수준이 낮은 편에 속한다. 일단 물질적 보상이 일정 수준까지는 올라가야 안정적인 회사생활이 가능해질 것이다. 스타트업 초기에는 내적 보상을 통해 경영진을 믿고 일할 수 있지만 향후 구성원들의 경제적 안정이 뒷받침되지 않고서는 장기적으로 함께하기 어려울 것이다.

셋째, 외적 보상과 내적 보상은 양자택일의 문제가 아니다. 내적 보상, 즉 구성원들과 일의 의미와 목적을 공유하고 인간적 관심을 나누며 노고를 인정하고 보람을 느낄 수 있도록 하는 내적 보상체계는 외적 보상과 상관없이 계속해서 실행해 나가야 한다. 구성원들이 금전적인 것만 바라보고 일을 한다면 왜 굳이 여기서 일하겠는가.

넷째, 외적 보상으로 생길 수 있는 단점을 생각해 보고 보완할 수 있는 방법을 찾는 노력이 필요하다. 외적 보상이 문제를 일으키는 경우는 주로 평가와 보상의 '공정성' 때문이다. 100만원의 성과급을 받은 구성원은 자신의 노고를 인정받았다는 생각에 동기부여가 될 것이다. 하지만 옆에 있던 동료가 납득할 수 없는 이유로 더 많은 성과급을 받았다면 오히려 상황은 재앙으로 변할 것이다. 공정한 기준, 공정하다고 느껴지는 체계를 만드는 데 노력해야 한다. 이런 체계가 만들어지면 '공정함'이라는 가치가 다시 동기를 높이는 긍정적 역할을 할 것이다.

결론적으로 스타트업은 하루속히 충분한 외적 보상이 가능하도록 성장해야 할 것이다. 그전까지는 칭찬·인정·보람 같은 내적 보상이 기업문화를 견인해야 한다. 그리고 이 두 가지 보상체계가 함께 움직이는 시점이 되면 훨씬 더 탄탄한 기업이 되어 있을 것이다.

신규 전문가 영입에 따른
초기 멤버 관계

요즘 잘 나간다고 소문난 스타트업 K대표가 자리에 앉자마자 의외의 한숨을 내쉰다.

"구성원들 때문에 고민이 많아요."

"무슨 문제가 있나요?"

"회사가 빠르게 성장하다 보니 계속해서 사람을 뽑고 있어요. 좀 더 많은 경험과 역량 있는 사람들을 뽑으려고 노력 중이에요. 문제는 이런 사람들이 하나둘 합류하면서 창업 초기 멤버들의 불만이 생겨요. 김 팀장 아시죠? 초기에 정말 열심히 했던 친군데, 어제는 면담을 요청했어요. '그동안 회사가 성장하도록 이것저것 가리지 않고 열심히 했는데 요즘에는 계속 밀려나는 느낌이라 일도 재미없어지고 해서 그만두고 싶다'고 하더라구요. 어떻게 해야 할지 모르겠어요."

K대표의 고민은 스타트업이 성장하면서 겪게 되는 전형적인 성장통 중 하나다. 스타트업을 시작할 때 마케팅·영업·인사·회계·생산·홍보 등 기업활동 전 분야를 전문가로 채우는 것은 사실상 불가능하다. 몇몇 핵심 부문을 제외하면 고도의 전문성보다는 다양한 일을 열정으로 실행하는 제너럴리스트(generalist ; 다방면에 걸쳐 많이 아는 사람)들이 많은 일을 한다. 그러다 보니 회사가 성장하면 분야별 전문가를 뽑아 사업을 체계화하게 되는데, 이때 신규 멤버들이 더 많은 책임과 권한, 더 좋은 처우를 받는 경우가 많다. 그래서 신규멤버들이 들어오는 과정에서 창업 초기 멤버들은 위기감·좌절감, 그리고 서운함을 느끼게 되어 퇴사를 선택하곤 한다. 이런 문제를 해결할 마법 같은 솔루션은 없겠지만 몇 가지 방향에 대해 살펴보자.

첫째, 기존 멤버들과 전문가 영입의 필요성을 공유한다. 회사의 성장을 위해 더 많은 경험과 역량을 가진 사람이 필요하다는 공감대를 만드는 것이다. 또 신규 멤버로부터 배우고자 하는 마음을 고취시켜야 한다. 채용 과정에서는 윗사람을 뽑더라도 창업 멤버들을 참여시킨다. 따를 만한 사람인지, 배울 게 있는 사람인지 선택에 관여시키는 것이다.

둘째, 초기 멤버들과 자주 이야기를 나누어야 한다. 대표가 해야 할 가장 중요한 일 중의 하나는 구성원들과 많은 이야기를 나누는 것이다. 그들을 소중히 하고 있다는 것, 회사의 성장과 개인의 성장을 함께하기 위해 필요한 것들 말이다. 또한 멤버 개개인의 업무 자체보다 회사가 가진 성장 비전에 초점을 맞추도록 하고 창업 공신의 경우 향후 열매를 공유할 수 있는 스톡옵션 등으로 보상하는 것도 생각해 볼 만하다.

셋째, 영입된 분야 전문가들이 기존 멤버들을 존중하도록 해야 한다. 그들이 보기에 기존 방식들이 터무니 없는 수준이라 처음부터 다시 만들어야 겠다는 생각을 할 수 있다. 하지만 초기 멤버들이 여기까지 만들어 왔기에 회사가 성장한 것이라는 생각을 잊지 말고 그들을 존중하며 함께 개선해 나갈 수 있도록 만들어야 한다. [44]

넷째, 우리 회사만 가진 문제가 아니라는 것을 인식하자. 서로 말을 안 해서 그렇지 성장하는 스타트업이라면 대부분 이런 문제를 겪는다. 퇴사자가 생기는 것은 마음 아프지만 자연스런 성장과정으로 받아들이자. 이것을 아는 것만으로도 한결 편안해질 것이다.

One more 공동창업을 할 때 서로의 역할을 나누게 된다. 이때 각 역할들이 CEOChief Executive Officer, CTOChief Technology Officer, CMOChief Marketing Officer, COOChief Operating Officer처럼 각 분야의 최고책임자를 맡곤 한다. 여기서 각자가 맡은 바 역할과 책임을 잘 수행해 내면 좋겠지만 회사가 성장함에 따라 누군가는 제 역할을 못 할 가능성이 높다. 회사의 성장이 개인의 성장보다 빠른 경우라면 모두가 그렇게 될 수도 있다. 이때 모두가 C레벨을 맡고 자리를 지키고 있으면 더 유능한 사람을 채용하기 어려울 수 있다. 창업초기 이러한 부분에 대한 향후 대처방안에 대해서도 미리 이야기를 나눠 보는 것도 필요하다.

커뮤니케이션 시간을
늘려라

"회사가 성장하며 사람이 늘어가는 것은 좋은데 관리가 쉽지 않네요."

일반적으로 회사 구성원이 늘어난다는 것은 좋은 일이다. 비즈니스모델이 궤도에 오르기 시작했다는 것이고 성장이 시작되는 시점이기 때문이다. 그런데 회사는 늘 문제가 하나 해결되면 또 다른 고민이 생긴다. 창업 초기에는 인간적 끈끈함이 관계의 기반이었는데 규모가 커지면서 점차 프로세스 중심으로 변하게 되고, 이 과정에서 불편을 느끼는 구성원들이 생긴다. 조직이 커지며 본인의 역할이 줄어들고 있다는 생각, 대표와 허심탄회하게 이야기 나누기가 어려워졌다는 생각, 새로 들어온 구성원들의 대우가 기존에 고생한 멤버들보다 훨씬 나아 보인다는 생각이 든다. 이러한 상황인식이 일에 대한 열정을 방해한다. 조직의 성장과 함께 구성원들이 소외감을 느끼는 것이다.

대표는 좋은 사람을 채용하기만 하면 회사가 잘될 것이라는 순진한 생각에서 벗어나야 한다. 사람을 관리하는 것은 경영의 중요한 역할이며 이제 그 시점이 된 것이다. 그 중에서 당장 실행할 수 있는 일 가운데 하나는 구성원들과의 대화시간을 늘리는 것이다. 회의실에서의 공식적인 대화도 좋지만 전략적인 '스몰톡'이 필요하다. 아침에 일찍 출근한 구성원과 아침 산책을 하거나 점심 먹고 차를 한잔 하며 대화할 시간을 만드는 것이다. 이때 이런 내용을 포함해 보자.

첫째, 칭찬의 메시지다. '요즘 잘하고 있던데…' 같은 두루뭉술한 이야기는 감흥이 없다. '지난번 전시회 끝나고 피곤했을 텐데 앞장서 정리하는 것을 보니 책임감이 대단하더라'처럼 구체적인 사례를 언급하면 훨씬 좋다. 진정성이 느껴지고 대표가 자신에게 관심을 갖고 있다는 것을 느끼게 해준다.

둘째, 신뢰하고 있음을 알려준다. 회사 상황이 이렇게 저렇게 달라지고 있지만 당신을 믿는다는 점을 표현하는 것이다. 여러분도 자신을 믿어주는 사람이 있다면 더 열심히 하고 싶은 생각이 들지 않았던가.

셋째, 고민을 나눈다. 대표가 요즘 가지고 있는 고민을 먼저 이야기하며 의견을 구하는 것도 좋다. 상대가 어떤 고민이 있는지 물어보자. 회사 일이든, 개인 생활이든 상관없다. 당장 해결책을 내놓아야 한다는 부담감을 가질 필요는 없다. 서로 이해하고 알아가는 과정이다.

넷째, 비전을 공유한다. 현재의 사업방향과 생각을 이야기해 본다. 그에 대한 의견을 물어봐도 좋다. 어떤 방향으로 갔으면 좋겠는지도 물어보자. 미래를 공유하며 실행할 때 달성가능성이 높아질 것이다.

이렇게 이야기를 나눈 다음에는 가급적 기록을 해두는 것이 좋다. 이를 통해 대표가 약속한 일이 있으면 반드시 실행해야 하고 상황이 달라진다면 다음 대화에서 공유한다. 능력 있는 구성원들이 늘어난다고 저절로 일이 될 것이라고 생각지 말고 한 사람 한 사람 관심을 가지며 소외되는 구성원이 없도록 노력해야 할 것이다. 이는 탄탄한 조직을 만드는 기본이 된다.

One more 조직이 가진 비전과 전략을 구성원 모두가 공유해야 하는 이유는 설명이 필요없을 정도로 자명하다. 따라서 이를 실천하기 위해 조직의 리더는 쉬지 않고 커뮤니케이션해야 한다. GE의 전 회장 잭 웰치는 "열 번 이상 이야기한 것이 아니면 한 번도 이야기하지 않은 것과 같다. 1,000명의 직원을 통솔할 경우 1,000명 각 개인과 만나 대화하고 설득할 각오가 되어 있어야 한다."라고 말할 정도로 커뮤니케이션을 강조했다. 스몰톡은 대표가 가진 생각을 구성원들과 공유하고 서로 신뢰를 쌓아갈 수 있는 유용한 수단이 될 것이다.

구성원의 잘못된 행동을
고치고 싶다면 따로 만나라

"최근 저희 구성원 중 한 명의 근무태도가 좋지 않아 크게 혼낸 적이 있습니다. 일부러 사람들이 다 모여 있는 곳에서 소리를 좀 쳤죠. 정신 좀 바짝 차리라고…."

"이후 잘 해결됐나요?"

"당시에는 자신의 잘못을 인정하는 것 같았어요. 그런데 나중에 다른 사람들의 이야기를 들어보니 그렇지 않더라고요. 자기 합리화를 엄청 했어요. 심지어 저에게 더 큰 책임이 있다고까지 한 모양입니다. 정말 황당하더라고요."

구성원의 잘못된 행동에 대해 혼을 내야겠다고 생각한 적이 있었는지 모르겠다. 가급적 그런 일이 없으면 좋겠지만 혹시라도 그런 일이 생겼을 때 가장 피해야 할 행동이 바로 공개된 장소에서 목소리를 높이는 경우다. 혹시 학교 다닐 때 주먹 싸움을 해봤거나 지켜본 경험이 있었는지 모르겠다. 둘만 있었으면 말다툼으로 끝났을 일이 보는 사람이 많은 경우 쉽게 주먹 싸움으로 번지는 것이다. 이는 심리학자들의 연구 결과로도 입증된 바 있다.

사람들은 공개된 장소에서 상대방으로부터 수치스러운 말을 들으면 자신의 잘못된 행동에 대한 생각보다 명예가 훼손됐다는 생각을 더 크게 하게 된다. 회사에서도 마찬가지다. 야단맞는 직원이 당장에는 자신의 잘못을 인정하겠지만 곧 손상된 명예를 회복하기 위해 적극적인 자기방어 노력을 하게 된다. 자신의 잘못을 부정하거나 잘못의 책임을 남에게 전가하는 행동으로 나타나는 것이다.

그렇다면 잘못된 행동을 고치기 위한 효과적인 소통은 어떻게 하는 게 좋을까? 우선 조용한 장소에서 둘이 이야기하되, 다음 맥락을 염두에 두며 이야기 나눠보자.

첫째, 잘못된 내용을 구체적이고 사실대로 말해준다. 흥분하거나 화내지 말고 사람보다는 행동에 초점을 맞추는 것이 중요하다.

"지난 번에도 그러더니 이번에는 왜 마감일을 넘긴 거예요? 요즘 정신이 있는 거예요? 없는 거예요?"(×)

"이번에도 프로젝트 마감일을 지키지 못했군요."(○)

둘째, 그것이 문제가 되는 이유를 설명한다.

"왜 늘 그 모양이에요? 약속을 했으면 지켜야죠."(×)

"그렇게 되면 제 일정관리가 점점 어려워집니다."(○)

셋째, 그러한 태도의 원인을 묻고 경청한다.

"무슨 이유가 있는지요?"

상대방에게 그럴 수밖에 없는 이유가 있을지 모른다. 충분히 얘기할 기회를 줘야 한다. 그리고 적절히 공감한다.

"아. 그런 점이 있었군요."

넷째, 잘못된 점은 반드시 바꿔야 한다고 말하고 해결방법을 찾게 한다. 그 후에는 잘못된 점을 고칠 수 있느냐의 문제가 아니라 고쳐야 한다는 것을 강조한다.

"그런 문제를 해결하기 위해서는 어떤 방법이 있을까요?"

"정해진 일정을 최대한 지켜주세요. 그렇지 못할 것 같으면 미리 알려주시고."

다섯째, 나온 방법 중 도울 수 있는 부분은 지원하자. 그리고 마무리한다.

"그렇게 하면 되겠군요. 제가 도와야 할 부분은 없을까요?"

"그렇게 해봅시다."

한번 더 정리해 보면 잘못된 행동에 대해 사실 그대로 말한다. 그 문제에 대해 상대방을 책망하는 게 아니라, 나의 느낌이나 애로를 말한다. 이런 일이 왜 생겼는지 묻고 함께 해결해야 할 점이 있는지 살피고 당부하고 정리한다.

회사는 가정이나 학교가 아니다. 다 큰 성인들의 일터이고, 서로를 존중해야 하는 공간이다. 혼내는 것은 목적이 아니다. 잘못된 행동을 고칠 수 있도록 더 좋은 방법을 찾을 필요가 있다.

역량 강화,
스스로 생각하게 하라

사업 제안 프레젠테이션을 준비 중인 어느 스타트업 회의실. 이번 프레젠테이션은 관련 팀에서 진행하기로 했다. 하지만 시연과정을 지켜보는 대표의 마음은 편하지 않았다. 그동안 사업내용에 대해 충분히 공유하고 이해되었다고 생각했는데 기대한 만큼 충분히 반영되지 않은 것이다. 어떻게 조언해야 할지 고민하다 말문을 열었다.

"왜 그 부분을 이렇게 준비했나요?"

"그게 그러니까….."

"김 팀장, 지금 핵심을 제대로 파악하고 있는 거예요?"

분위기가 얼어붙었다. 대표도 '아차' 싶었다. 혼내려고 한 게 아니라 더 좋은 방법을 찾아보자는 것이었는데 말을 하고 나니 의도와 다른 상황이 된 것이다. 그렇다고 그냥 지나칠 수도 없었고 말이다.

어느 조직에서나 생길 수 있는 상황이다. 이를 좀 더 생산적으로 풀어나갈 방법이 없을지 생각해 보자.

먼저 "왜 이렇게 준비했나요?"를 살펴보자. 우리는 보통 이유를 알고 싶을 때 '왜'로 시작하는 질문을 한다. "보고서를 왜 이렇게 늦게 제출했어요?" "왜 이번 프로젝트에 열심히 참여하지 않는 거죠?"와 같이 말이다. 그런데 이 '왜'가 자신에게 사용될 때는 중립적으로 들리는데 다른 사람에게 사용하면 상대방의 의견에 동의하지 않는다는 부정적 의미로 전달된다. 따라서 이러한 질문을 받은 상대방은 질문자의 의도와 상관없이 불편한 기분에서 대답하게 되고 그렇게 되면 발전적인 대화로 이어지기가 어렵다. 상대방에게 따끔한 주의를 주는 게 목적이 아니라면 '왜'라고 직접적으로 묻지 말고 '어떤 이유' '어떤 동기'와 같은 간접적인 표현의 사용을 고려해 볼 필요가 있다.

"보고서가 늦은 이유가 궁금하군요" "이번 프로젝트에 열심히 참여하지 않은 이유에 대해 알고 싶군요" "해당 부분을 이렇게 준비한 이유가 있나요?" 같은 식이다. 훨씬 부드럽게 대화를 이끌 수 있고 상대방이 가지고 있는 생각을 들어볼 기회도 된다.

"지금 핵심을 제대로 파악하고 있는 거예요?"의 경우는 질문이라기보다 질책에 가까워 보인다. 개선이 목적이라면 조금 더 구체적인 이야기를 해줄 필요가 있다. "이번 제안의 목적은 이러저러한 것이잖아요? 저라면 4페이지를 이러저러하게 보완할 것 같아요" 같은 식인데, 이런 조언은 단기적이고 즉각적인 개선에 도움이 될 것이다.

여기서 조금 더 발전적인 대화방식을 만들어 보자. 적절히 질문하는 것이다. "이번 제안의 목적이 무엇이라고 생각하나요?" "그 목적이 잘 드러나는 부분이 어느 부분이라고 생각하세요?" "좀 부족해 보이는 부분이 있어보입니까?" "그 부분을 개선하기 위해서는 어떻게 하면 될까요?" 식이다. 이런 질문들은 상대방을 스스로 생각할 수 있도록 하고 더 나은 방법을 찾는데 도움을 준다.

'왜'를 빼고 '어떤 이유인지'를, 질책성 질문보다는 생각할 수 있는 질문을 던지는 습관을 가져보자.

CHAPTER 12

경영과 관련한
몇 가지 문제들

경영 스킬

잦은 분쟁을 방지하려면
문서로 남겨라

"제품개발이 문제가 아니다. 계속 함께할 수 있는지가 핵심이다."

"6개월간 밤낮없이 일해 제품을 완성했으니 약속을 지켜달라."

A와 B는 공동창업자다. A는 자본과 경영을 맡기로 하고 설립자본금을 모두 납입했다. B는 제품개발을 맡고 6개월 뒤 30%의 지분을 받기로 했다. 서로를 믿고 의기투합한 것이다.

이를 위해 B는 후배 개발자 두 명을 합류시켰다. 급여는 최소생계비만 받았다. 6개월이 지나 목표한 제품개발을 완료했다. 그런데 문제가 생겼다. B가 경제적 문제로 정상적인 급여를 받을 수 있는 회사로 전직하기로 한 것이다. B는 개발이 완료됐고 후배들이 제 몫을 하고 있어 향후 문제가 없을 것으로 생각했다. 따라서 약속한 지분을 요구했다. 하지만 A의 생각은 달랐다. 애초의 약속은 사업을 함께하는 것을 전제로 했는데 그것이 깨진 것이라고 생각했다. 더군다나 곧 있을 투자유치 협상에도 부정적인 영향을 미칠 게 분명했다. 따라서 지분을 주기 어렵다고 생각했다.

서로 좋지 않게 끝나는 경우는 늘 이런 식이다. 애초의 계획대로 문제없이 일이 흘러가면 되는데 변수가 항상 생긴다. 그리고 이 변수를 각자의 입장에서 해석하게 된다. 이 스타트업의 경우 B가 중간에 회사를 퇴사하는 경우 어떻게 한다는 합의가 먼저 이뤄졌으면 어땠을까?

스타트업은 빠르고 신속한 것이 조직의 특징이자 강점이다. 그러다 보니 글로 구체화해 두어야 할 것을 시간상 말로만 약속하고 끝내는 경우가 많다. 하지만 이런 방식은 일이 잘될 때는 몰라도 새로운 변수가 생기면 문제가 된다. 그래서 계약서를 작성하는 것이다.

일을 하다 보면 협업 진행과정에서 다양한 상대방을 만나게 된다. 성격이 급하고 다혈질인 사람과 협력사업을 하게 됐다고 해보자. 이런 경우 계약서 작성은 필수다. 발생가능한 경우의 수를 생각해 각자의 권리·의무 관계를 계약서에 적어 둬야 한다. 상대방이 "나를 못 믿습니까?" "이런 것까지 넣어야 합니까?" 하면 "그렇죠? 이런 일이 생기지는 않겠죠? 그냥 혹시나 해서 넣어두는 거예요" 하고 넘기면 된다. 상대방을 믿지 못해서가 아니라 이렇게 해야 어떤 일이 생기더라도 서로 좋은 관계를 유지하며 일할 수 있다. 계약 종료시점에서도 웃으며 헤어질 수 있는 것이다.

물론 모든 일이 계약서로 완벽하게 해결되지는 않는다. 모든 경우를 고려한다고 해도 누락되는 사항이 있기 마련이다. 본질적으로는 서로를 믿고 신의를 다해 계약의 본질을 실행하는 것이 중요하다. 하지만 세상 일이라는 게 어떻게 될지 누가 알겠는가. 앞서 예로 든 A와 B도 서로 믿었으니 시작한 것이다. 하지만 본의 아니게 상황이 변할 수 있고, 사람들은 자신의 관점에서 생각할 수밖에 없다.

합의된 내용을 문서화하는 것은 상대방을 믿지 못해서가 아니라 예상치 못한 일이 생기더라도 서로 좋은 관계를 유지하며 책임과 의무를 다할 수 있도록 하기 위한 것임을 기억하자.

계약서 작성할 때
유의할 점

투자사기에 관한 경험담이 SNS에 올라와 많은 사람들의 관심을 받았다. 투자를 빙자해 경영권을 뺏긴 경우였다. 스타트업 초기에는 자금조달이 절실하지만 이에 따른 지분구조, 경영권, 실무 프로세스에 대해서는 잘 모르다 보니 나쁜 의도를 가진 투자자에게 휘둘릴 가능성이 존재한다. 엔젤투자자만 있는 게 아니라, 엔젤투자를 가장해 사기에 가까운 사익을 추구하는 블랙엔젤투자자도 있기 때문이다. 그런데 처음부터 좋은 투자자인지 아닌지 알기는 어렵다. 이것은 계약서를 작성할 때 명확해진다. 이 과정이 잘 되면 엔젤투자자도 창업자에게 더 높은 신뢰를 가질 것이며 블랙엔젤투자자라면 스스로 포기할 것이다. 다음 몇 가지를 체크해 보자.

첫째, 논의 내용을 문서로 정리하고 이메일이나 회의록 같은 형식으로 공유한다. 사람들은 동일한 사안을 말하더라도 서로 다르게 이해하는 경우가 많고 자신에게 유리한 것만 기억하려는 경향이 있다. 이러한 내용들을 정리해 놓으면 계약시 도움이 될 것이다.

둘째, 계약서에는 발생가능한 사건과 그 대안을 넣는다. 계약서 작성의 필요성은 누구나 알고 있다. 중요한 것은 계약서 자체가 아니라 계약 내용을 이행하는 과정에서 생길 수 있는 위험요소와 대안을 충분히 포함시켰는지가 핵심이다. 가령 상대방으로부터 돈을 받기로 했으면 '받는다'로 끝나면 안 된다. '언제까지'가 기재되어야 한다. '언제까지'라고 되어 있어도 날짜가 지켜지지 않는 것이 현실이다. 충분히 발생가능한 위험이다. 실행되지 않을 경우 연체금을 부과할지, 계약을 파기할지 등 발생가능한 상황을 넣어야 한다. 이러한 과정을 통해 발생가능한 위험에 대처할 수 있게 된다.

셋째, 판단기준이 모호한 내용은 최대한 배제한다. '일이 완료되면 입금한다'와 같은 표현은 '일이 완료되는 경우'에 대한 정의가 들어 있어야 한다. 분쟁이 생기는 계약의 대부분은 이런 중요사항을 모호하게 기술하여 시작되는 경우가 많다. 누군가 불순한 의도를 가졌다면 이 부분을 최대한 활용할 것이다.

넷째, 계약 내용을 완전히 이해해야 한다. 특히 투자 관련 계약은 용어가 낯설고 진행도 처음이라 이해하기 어려운 부분이 있을 수 있다. 하지만 이런 계약은 문제 발생시 회사의 생존에 영향을 미칠 정도로 파급력이 큰 경우가 많다. 따라서 계약 내용이 이해될 때까지 물어보거나 이해할 수 있는 용어로 풀어써야 한다. 남들도 그렇게 한다고 해서 그냥 넘어가면 안 된다.

스타트업 초기투자는 향후 성장전략과도 밀접하게 연관되므로 주위 전문가에게 조언을 구하는 것도 좋은 방법이다.

지각,
어떻게 볼 것인가

'지각'

조직에서 많은 논란을 일으키는 단어다. 어느 회사나 지각을 하는 사람들이 있다. 이 문제를 해결하기 위해 경위서를 받기도 하고, 지각비를 걷기도 하고, 출근시간을 바꿔보기도 하지만 며칠이 지나면 어김없이 지각하는 직원이 생긴다. 아울러 이러한 노력을 엄격하게 하면 할수록 구성원들의 불만은 높아진다. '퇴근시간 지키라는 말은 안 하면서 왜 맨날 지각만 가지고 뭐라 하느냐'는 것이다. 하지만 회사도 할 말이 많다. 시간 약속은 모든 일의 기본인데 출근시간을 못 지킨다는 것은 다른 약속도 지키지 못하는 버릇으로 이어지지 않겠느냐는 것이다. 또 지각할까 봐 열심히 뛰어온 사람이 아직 출근하지 않은 동료의 빈자리를 보면 어떤 생각이 들겠는가. 힘들게 괜히 뛰었다는 생각이 들고, 다음부터는 그냥 걸어올 것이다. 오전 9시 1분에 거래처의 긴급 전화가 왔는데 출근한 사람이 아무도 없어 받지 못하는 상황을 상상하고 싶지 않은 것이다. 그래서 지각 이슈는 항상 깔끔하게 정리되지 않는다.

우아한형제들
**송파구에서
일 잘하는 방법 11가지**

1　9시 1분은 9시가 아니다.
2　업무는 수직적, 인간적인 관계는 수평적.
3　간단한 보고는 상급자가 하급자 자리로 가서 이야기 나눈다.
4　잡담을 많이 나누는 것이 경쟁력이다.
5　개발자가 개발만 잘하고, 디자이너가 디자인만 잘하면 회사는 망한다.
6　휴가 가거나 퇴근시 눈치 주는 농담을 하지 않는다.
7　팩트에 기반한 보고만 한다.
8　일을 시작할 때는 목적, 기간, 예상산출물, 예상결과, 공유대상자를 생각한다.
9　나는 일의 마지막이 아닌 중간에 있다.
10　책임은 실행한 사람이 아닌 결정한 사람이 진다.
11　솔루션 없는 불만만 갖게 되는 때가 회사를 떠날 때다.

출처: 우아한형제들

송파구에서 일 잘하는 방법 11가지

실제 스타트업에서는 이 부분을 어떻게 대처하고 있을까?

A사는 정시 출근을 아주 중요한 가치로 여긴다. 시간 약속은 대단히 중요한 문제이므로 단 1분이라도 지각을 허용할 수 없다는 태도다. 입사 면접에서부터 이를 주지시키고 출근시간을 지키지 못할 것 같으면 입사를 받지 않겠다는 주의까지 줬다. 실제 출근을 늦게 하면 이에 상응하는 불이익을 준다.

B사는 아예 출퇴근시간이 없다. 스타트업 구성원은 창의적인 일을 하는 사람들이다. 이들을 교통 체증을 뚫고 피곤한 몸으로 오전 9시부터 일하게 하는 것은 오히려 비효율적이라고 생각했다. 그래서 아예 출퇴근시간을 없앴다.

A사와 B사는 서로 다르지만 아주 명확한 입장을 취하고 있다. 여러분 회

사는 A사와 B사 어디쯤에 있을까? 문제를 명확히 해결하기 위해 A사나 B사 중 하나를 선택하면 될까? 그런데 그게 쉽지 않다. 지각은 일부 구성원의 문제이고 지각을 없애려고 자율출퇴근제를 실행할 수는 없지 않은가.

그렇다면 A사와 B사는 창업 당시부터 이런 제도를 가졌을까? 이렇게 결정된 과정에는 나름의 이유가 있을 것이다. A사는 고객들과 직접적 커뮤니케이션을 하며 시간에 맞춰 서비스를 제공하는 것이 사업의 핵심이다. 그래서 고객과의 시간 약속이 무엇보다 중요하다고 생각하고, 그것을 반영하기 위해 정시 출근을 강조한 것이고 이러한 문화를 안착시키기 위해 추가 제도들이 운영되고 있다. B사는 재미있는 콘텐츠를 만들어 스마트 기기에 제공하는 교육 콘텐츠 개발이 핵심이다. 따라서 창의성이 중요하다. 시간 약속을 중요하게 생각하지 않는 게 아니라, 품질을 더 중요하게 생각하는 것이다. 대신 높은 수준의 자율성을 제공한 만큼 성과에 따른 책임이 어느 곳보다 크다.

결국 의사결정의 기준은 회사가 가진 비즈니스 특성에 맞추어 결정해야 할 것이다. 지각 자체만 놓고 볼 게 아니라, 기업이 성과를 내는 관점에서 어떤 행동강령이 최선일지 살펴봐야 한다. 구성원들과도 허심탄회하게 이야기 나눠보면 좋을 것이다.

성과급,
현금이냐 상품이냐

"하반기 목표를 달성하면 전 직원 해외여행을 추진하겠습니다."

한 스타트업 대표의 선언이었다. 다행히 목표가 달성되었고 드디어 여행 준비를 시작했다. 아시아 지역이라 적절한 선에서 예산을 확보할 수 있었다. 문제는 대표가 여행 준비과정에서 몇몇 구성원의 불만을 듣게 된 것이다.

"여행은 무슨 여행. 차라리 돈으로 주면 좋겠구만…."

대표는 나름대로 구성원들을 위해 보상프로그램을 준비했다고 생각했는데 구성원들의 생각은 달랐던 것이다. 잘못하다가는 돈 쓰고 불만만 늘리는 것이 아닌가 싶은 생각이 들었다.

"차라리 현금으로 할 걸 그랬나?"

별 것 아닌 것 같지만 경영은 크고 작은 의사결정의 연속인 것 같다. 어떻게 하는 것이 좋을까?

구성원들에게 현금을 선택할지, 상품을 선택할지 물으면 대부분 현금을 선호할 것이다. 하지만 선택의 여지 없이 현금으로 지급된 경우와 상품으로 지급된 경우 구성원의 만족도와 동기부여 차원에서 보면 상품 지급이 나을 때도 있다. 구성원 입장에서 볼 때 현금은 급여의 일부같이 느껴지고 한 번 받고 나면 금방 잊혀진다. 공돈 느낌도 있어 쉽게 써버리기도 한다. 반면 비금전 보상은 트로피 효과와 보상 지속성을 제공한다. 우리가 어떤 대회에 나가 수상했을 때 "트로피 받을래? 현금 받을래?"라고 물으면 현금을 선호할 수도 있다. 이때 현금 10만원을 받는다면 저녁 식사 한 번으로 현금은 사라지고 그 기억도 금방 잊힐 수 있다. 하지만 트로피는 자신의 성과를 기릴 수 있고 주위의 누군가에게 자랑하기도 좋다. 또 보상 지속성도 있다. 볼 때마다 당시 상황을 떠올리며 즐거워할 것이다.

물론 금전 보상과 비금전 보상 중 하나만 제공할 필요는 없다. 회사 상황에 따라 구분해 보는 것도 좋겠다.

첫째, 구성원 처우가 업계 평균보다 상당히 낮은 경우다. 이 상황에서는 비금전 보상보다 금전 보상에 집중하는 것이 좋다. 당장 생활도 빠듯한데 성과급으로 해외여행이 주어지면 오히려 불만족을 느낄 가능성이 높다. 스타트업의 경우 기본적인 처우를 올리는데 집중해야 한다.

둘째, 구성원 처우가 업계 평균보다 약간 낮은 경우다. 이런 경우 상당 부분은 금전 보상으로, 일부는 비금전 보상으로 설계하면 좋다. 여기서 한 가지 더 생각할 것은 비금전 보상의 종류다. 비금전 보상의 종류를 청소기·커피머신·세탁기 같은 실용재와 고급 식기, 여행상품권 같은 사치재(또는 경험재)로 나눠볼 수 있는데, 실용재들이 제시될 때 더 높은 보상효과를 기대할 수 있다.

셋째, 구성원 처우가 업계 평균보다 높은 경우다. 이 경우에는 비금전 보상비율을 조금 더 늘리는 것, 보상상품을 사치재 또는 경험재 쪽으로 늘려볼 여지가 있다. 1,000만원의 급여를 받는 사람에게는 10만원의 현금 보상보다 트로피가 더 만족스러울 것이다.

사내 규정은 있는 게
좋다

스타트업 초기, 창업 멤버들은 하루의 대부분을 회사에서 함께 보낸다. 목표를 공유하고 서로 충분히 신뢰하며 함께 일한다. 회사 생활에 특별히 불편함도 없다. 부지런히 일만 하면 된다. 그러나 때가 되면 공개채용으로 입사하는 사람들이 생긴다. 그리고 신규입사자 서너 명까지는 창업팀 문화에 섞여 가족(?) 같은 분위기를 유지할 수 있다. 하지만 인원이 더 늘면 슬슬 소모적인 커뮤니케이션이 생기게 된다.

"휴가는 어떻게 되는 거지? 다음 달이 7월인데 여름휴가는 있나? 출근한 지 얼마 안 됐는데, 물어보기도 그렇고…."

"야근 식대는 저녁을 먹으면 무조건 주나요? 아니면 정해진 시간까지 근무하면 주나요?"

"먼저 있던 회사에서는 대리 마지막 연차였는데, 여기서는 승진 방식이 어떻게 되나요?"

"5만원을 키워드 광고비로 지출해야 하는데 대표님에게까지 말씀드려야 하나요?"

이렇게 사소한 궁금증이 생기게 될 때마다 물어보고 확인하게 된다. 입사자가 계속 늘어나는데 이런 방식이 합리적일까? 이런 궁금증들을 미리 정리해 놓으면 어떨까? 새로 입사하는 사람들에게 한 번에 안내해 줄 수 있다면 회사 적응속도가 빨라지고 업무효율도 높아질 것이다.

어느 정도 성장한 회사들은 이러한 내용을 정리한 문서를 가지고 있다. 회사 규정, 줄여서 '사규'라고 부르는 것이다. 스타트업에 필요한 기본적인 내용은 인사, 급여, 복리후생, 경조, 퇴직금 규정 정도가 될 것이다. 왠지 형식적이고 딱딱하다는 느낌이 들어 스타트업 문화에 맞지 않을 것 같은가? 하지만 사람이 늘어가고 있는 스타트업이라면 다음 두 가지 이유에서 검토해 볼만하다.

첫째, 새로 입사하는 직원들의 편의를 위해서다. 사규는 행동을 제약하는 규정이라기보다 회사생활을 편리하게 해주는 매뉴얼이다. 휴가기준은 어떻게 되고 경조사는 어떻게 처리하고 출장 가는 경우는 어떻게 비용 처리를 하는지 미리 정해놓은 것이다. 매번 물어보며 확인하는 것보다 한 번에 알면 편하지 않겠는가.

둘째, 나중에 있을지 모르는 법적 분쟁을 방지할 수 있다. 지금은 그렇게 생각하지 않겠지만 본의 아니게 회사와 직원 간 분쟁이 생길 수 있다. 대개 퇴직금, 야근수당 같은 임금 지급이나 수습기간, 휴가, 해고 사유에 대한 노동법 준수 여부가 이슈가 된다. 구성원과 회사가 규정을 공유하고 있었다면 생기지 않았을 분쟁들이 적지 않다. 그리고 사규를 만드는 과정에서 회사는 자사의 상황을 면밀히 살펴볼 수 있고 근로기준법과 노무관계에 대해서도 이해하는 계기가 될 것이다.

어떤 스타트업 대표는 '우리 회사에 규정 따위는 없다. 우리는 자유를 추구한다'고 말한다. 대표는 그것이 자유로운 것이라고 생각할 수 있지만 직원들도 그렇게 생각하는지는 확인이 필요하다. 어쩌면 직원들은 사안이 생길 때마다 대표의 눈치를 보고 있을지 모른다. 구성원들을 위한 자유가 아니라, 대표를 위한 자유가 될 수 있는 것이다.

참고문헌

1) 토마스 라폴트, 《피터 틸》, 앵글북스, 2019, [CASE STUDY] (26) 세계 최대 결제시스템 '페이팔' 페이전쟁 '최강자'… FANG(페이스북 · 아마존 · 넷플릭스 · 구글)보다 더 주목받아, 매경이코노미 1939호, 2018

2) 비즈 스톤, 《나는 어떻게 일하는가》, 도서출판 다른, 2014

3) 피터 드러커, 《미래사회를 이끌어가는 기업가정신》, 한국경제신문사, 2004

4) 하워드 스티븐슨, A perspective on entrepreneurship, Harvard Business School Working Paper 9-384-131, 1983

5) 제프리 티먼스, New Venture Creation, Irwin, 1994

6) 제프 베조스의 2010년 프린스턴대학 졸업식 연설, https://www.youtube.com/watch?v=vBmavNoChZc

7) 지나 키팅, 《넷플릭스 스타트업의 전설》, 한빛비즈, 2015

8) 스티브 첸, 《유튜브 이야기》, 올림, 2012

9) The Top 10 company pivots of All-Time, Steve Glaveski, 2017

10) 14 Famous Business Pivots, Jason Nazar, 2013

11) Mark Zuckerberg : How to Build the Future, YouTube, 2016
https://www.youtube.com/watch?v=Lb4IcGF5iTQ

12) 달라이 라마, 라우렌스 판 덴 마위젠베르흐, 《리더스웨이》, 문학동네, 2009

13) Facebook's letter from Mark Zuckerberg - full text, The Guardian, 2012

14) Drew Houston: "Yes, Steve Jobs called Dropbox a feature", Techcrunch, 2009

15) HOW I BUILT THIS WITH GUY RAZ, Airbnb: Joe Gebbia, 2017

16) 레이 갤러거, 〈에어비앤비 스토리〉, 다산북스, 2017

17) 브래드 스톤, 〈업스타트〉, 21세기북스, 2017

18) 에이드리언 슬라이워츠키, 칼 웨버, 〈디맨드〉, 다산북스, 2012

19) 네이선 퍼, 제프 다이어, 〈이노베이터 메소드〉, 세종서적, 2015

20) HOW I BUILT THIS WITH GUY RAZ – Rent The Runway: Jenn Hyman, 2018

21) The single biggest reason why startups succeed, Bill Gross at TED 2015

22) 신시아 몽고메리, 〈당신은 전략가입니까〉, 리더스북, 2014

23) 정혁준, 〈욕망을 자극하라〉, 알에이치코리아, 2015

24) 케빈, 재키 프라이버그, 〈너칫 사우스웨스트 효과를 기억하라〉, 동아일보사, 2008

25) HOW I BUILT THIS WITH GUY RAZ, Remembering Herb Kelleher, 2019

26) 스티브 잡스의 스탠퍼드 졸업 연설, 2012
https://www.youtube.com/watch?v=7aA17H-3Vig

27) 스티브 블랭크, 밥 도프, 〈기업 창업가 매뉴얼〉, 에이콘출판, 2014

28) The Top 20 Reasons Startups Fail, CB Insights, 2018

29) 안길상, 고객가치 : 개념, 구성요소 및 창출전략, 산업과경제 14(2), 239-267, 2002

30) STARTUP KAIST [Interview] 플라즈맵 임유봉 대표, 2016

31) 션 엘리스, 모건 브라운, 〈진화된 마케팅, 그로스 해킹〉, 골든어페어, 2017

32) 미타니 고지, 〈세상을 바꾼 비즈니스모델 70〉, 더난출판사, 2015

33) 블레이크 마이코스키, 〈탐스 스토리〉, 세종서적, 2012

34) 에어비앤비: 바퀴벌레 같은 생존력, 브라이언 체스키 인터뷰, 2015
https://www.youtube.com/watch?v=22f4p7RgJys&t=459s

35) Y Combinator's Graham Says Startups Must Improve Lives, 블룸버그
(Bloomberg)와 폴 그레이엄의 인터뷰,
https://www.youtube.com/watch?v=2lcp0uZsY7k ,
https://www.youtube.com/watch?v=tXvSv29Bjhg

36) 폭망한 허브앤스포크 퀵서비스가 '기회'가 된 이유, byline network, 2018

37) 애덤 그랜트, 〈오리지널스〉, 한국경제신문사, 2016

38) 레이 크록, 〈성공은 쓰레기통 속에 있다〉, 황소북스, 2011

39) Building a Product is Just the Beginning, Kevin Systrom and Mike Krieger, 2011

40) 케네스 토마스, 〈열정과 몰입의 방법〉, 지식공작소, 2011

41) [역발상 심리경영] 억지로 칭찬할 순 없잖아요(우종민 교수의 역발상 심리경영), 매일경제, 2011

42) Alfie Kohn, Why incentive plans cannot work, HBR, 1993

43) 다니엘 핑크, 〈드라이브〉, 청림출판, 2011

44) 지속가능한 스타트업 만들기, 하버드비즈니스리뷰, 2016년 3월호

45) CEOs need mentors too, HBS(2015), https://hbr.org/2015/04/ceos-need-mentors-too

조성주의 스타트업 코칭

스타트업
1년 차입니다

초판 1쇄 발행 2019년 5월 20일
초판 2쇄 발행 2020년 10월 30일

지은이 조성주
펴낸이 백광옥
펴낸곳 천그루숲
등록 2016년 8월 24일 제25100-2016-000049호

주소 (06990) 서울시 동작구 동작대로29길 119
전화 0507-1418-0784 팩스 050-4022-0784 카카오톡 천그루숲
이메일 ilove784@gmail.com

마케팅 백지수
인쇄 예림인쇄 제책 예림바인딩

ISBN 979-11-88348-43-5 (13320) 종이책
ISBN 979-11-88348-44-2 (15320) 전자책

이 도서의 국립중앙도서관 출판예정도서목록(CIP)은 서지정보유통지원시스템 홈페이지(http://seoji.nl.go.kr)와
국가자료공동목록시스템(http://www.nl.go.kr/kolisnet)에서 이용하실 수 있습니다.(CIP제어번호 : CIP2019015040)

Start Now